LE CERCLE

DE LA LIBRAIRIE, DE L'IMPRIMERIE

DE LA PAPETERIE

DU COMMERCE DE LA MUSIQUE

ET DES ESTAMPES

A. Quantin imprimeur.
E. Benoit. Zápal.

LE CERCLE

DE LA

LIBRAIRIE, DE L'IMPRIMERIE

DE LA PAPETERIE

DU COMMERCE DE LA MUSIQUE

ET DES ESTAMPES

NOTICE

HISTORIQUE ET DESCRIPTIVE

PARIS

CERCLE DE LA LIBRAIRIE

117, BOULEVARD SAINT-GERMAIN

JANVIER 1881

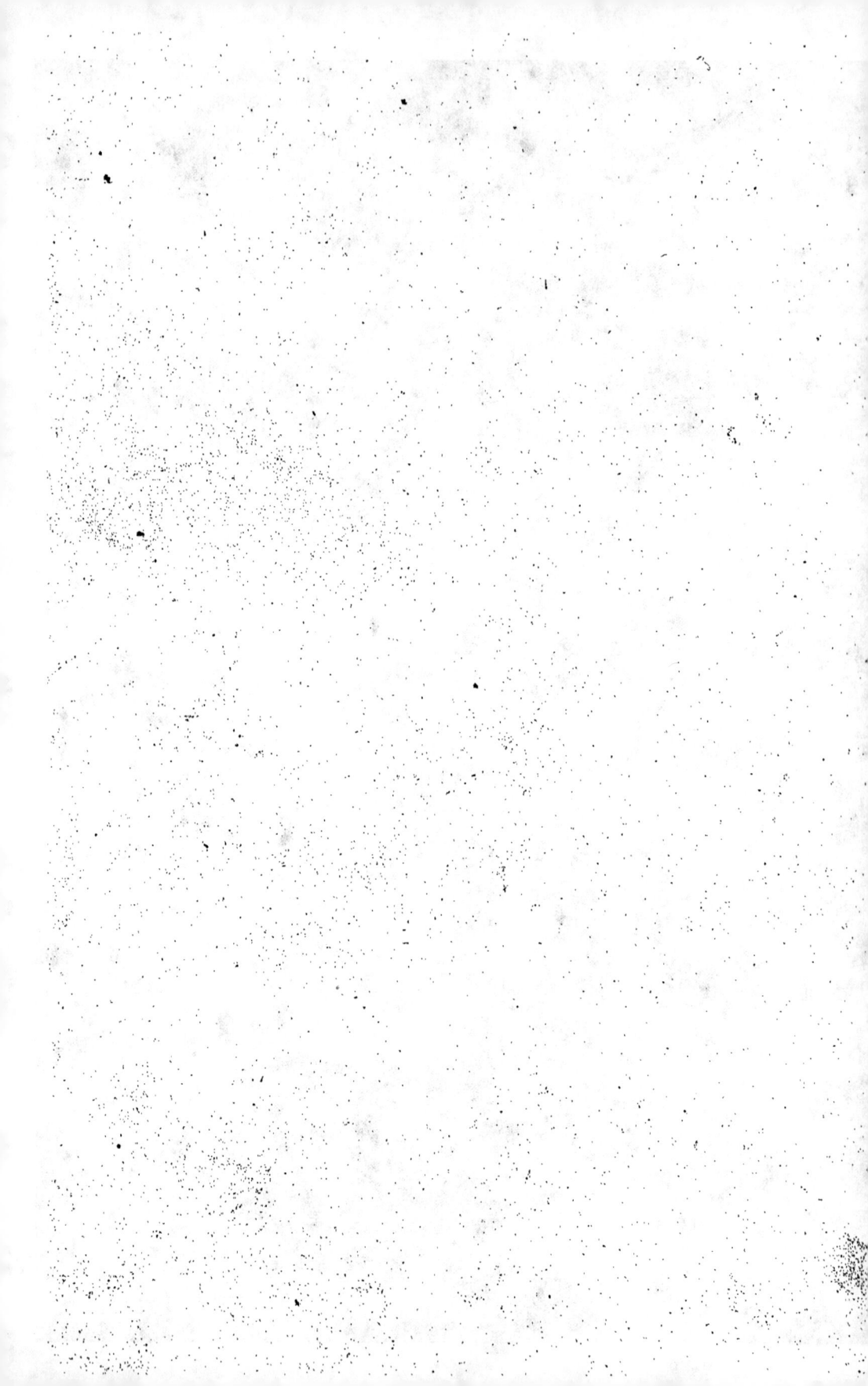

Revue Générale de l'Architecture et des Travaux Publics _ 51, Rue des Écoles, Paris.

Dirigée par Mr CÉSAR DALY, architecte.

Vol. XXXVIIème de la Collection générale.   [XLIe ANNÉE DE LA FONDATION _ 1880]   Quatrième Série _ Vol. 7 _ Pl. 39.

Riquois del.   J. Sulpis sc.

CERCLE DE LA LIBRAIRIE

Boulevard St-Germain, à Paris. .. : Vue en perspective.

PAR Mr CH. GARNIER, ARCHte, MEMBRE DE L'INSTITUT

Imp. Lemercier et Cie, Paris.

LE
CERCLE DE LA LIBRAIRIE

DE L'IMPRIMERIE, DE LA PAPETERIE

DU COMMERCE DE LA MUSIQUE ET DES ESTAMPES

NOTICE HISTORIQUE

Sur le parcours du boulevard Saint-Germain, à l'angle de cette grande voie et de la rue Grégoire-de-Tours, s'élève un édifice dont le dessin large et élégant et le style vigoureusement caractérisé frappent le passant, le retiennent et le forcent à se demander quel est l'artiste dont le talent s'est affirmé là d'une façon si puissante et par qui cette belle demeure peut bien être habitée.

Ce petit monument est l'œuvre de l'éminent architecte

de l'Opéra, M. Charles Garnier ; il a été construit pour le Cercle de la Librairie, de l'Imprimerie et de la Papeterie.

C'est là que les trois grandes industries qui concourent à la production du livre ont définitivement établi le siège de leur représentation, et que, groupées en un seul faisceau, unies par les liens de la confraternité, elles discutent les intérêts communs à toutes aussi bien que ceux particuliers à chacune d'elles, et veillent à les sauvegarder ou à les défendre.

Nous allons, en quelques pages, résumer l'histoire de l'association et montrer, par les difficultés qu'elle a su vaincre et par les services qu'elle a rendus, son incontestable utilité et sa puissance.

Dans les derniers jours de janvier 1847, il y a trente-quatre ans, plusieurs libraires conçurent la pensée de renouveler l'essai infructueusement tenté en 1830 de la création d'un Cercle de la Librairie, de l'Imprimerie et de la Papeterie. L'un d'eux, Hébrard, convoqua dans ce but à son propre domicile, rue de Savoie, 13, un certain nombre de ses confrères. Dix-sept répondirent à son appel. Cette première réunion eut pour unique résultat de décider la convocation d'une seconde dans le même local. La lettre d'invitation portait, cette fois, la signature de MM. J.-B. Baillière, Debure et Hingray.

Le 23 mars, 19 libraires se présentèrent. A la suite d'une longue discussion, l'assemblée vota, à la majorité, la création d'un Cercle quotidien et chargea MM. J.-B. Baillière, Jules Delalain, Hingray, Mathias et Pagnerre d'en préparer les statuts. Si jamais commission se signala par son activité, ce fut assurément cette dernière. En cinq jours, son travail était achevé, et, par ses soins, une troisième réunion avait lieu, le 1ᵉʳ avril, dans la salle de la mairie du XIᵉ arrondissement.

Ce jour-là, le registre de présence porte 71 signatures ; la présidence est décernée à M. J.-B. Baillière, assisté de MM. Delalain et Pagnerre. La discussion s'engage, non plus déjà sur le principe de la création d'un Cercle, car, d'une seule voix, l'assemblée déclare tout d'abord approuver le vote du 23 mars, mais uniquement sur certains articles des statuts, qui bientôt sont votés à l'unanimité. Aux termes de ceux-ci, le fonds social est fixé à 15,000 francs, les parts nominatives à 200 francs portant intérêt, la cotisation annuelle à 100 francs, avec stipulation expresse que ce chiffre ne devra jamais être diminué, quel que soit le nombre des membres. On décide enfin que la société sera définitivement fondée le jour où le nombre des adhérents se sera élevé à cent et où 50 parts de fondateurs auront été souscrites.

Séance tenante, une liste de souscription est ouverte, et 30 des assistants s'inscrivent comme fondateurs. savoir :

19 libraires ;

3 imprimeurs ;

7 fondeurs en caractères ;

1 brocheur ;

60 donnent leur adhésion, ils se composent de :

38 libraires ;

6 imprimeurs en lettres ;

1 imprimeur en taille-douce ;

7 fondeurs en caractères ;

6 marchands de papier ;

1 brocheur ;

1 courtier d'annonces.

Trois jours après, nouvelle assemblée. Aux 5 membres

de la première commission sont adjoints 6 membres nouveaux; ce sont MM. Biesta, Boichard, Ambroise-Firmin Didot, Amédée Gratiot, Guillaumin et Paul Renouard.

Cette petite, mais vaillante avant-garde de l'association naissante, animée d'une foi ardente en son œuvre, marche à la conquête d'adhérents à l'institution nouvelle. MM. J.-B. Baillière, Guillaumin, Hingray, Mathias et Pagnerre prennent pour champ d'exploration la librairie; à MM. Jules Delalain, Ambroise Firmin-Didot et Renouard échoit l'imprimerie; les papetiers seront sollicités par MM. Boichard et Gratiot; M. Biesta s'adressera aux fondeurs,

L'entrée en campagne a lieu aussitôt, et dans des réunions qui se succèdent, les 8, 10, 17 et 22 avril, chacun fait connaître les résultats obtenus. A cette dernière date, on constate que le nombre des adhérents atteint déjà le chiffre de 116, dont 50 fondateurs. C'était plus qu'il n'en fallait pour que la société fût définitivement constituée.

Il n'est pas sans intérêt, croyons-nous, de faire connaître de quels éléments se composait cette première liste des membres de notre Cercle, et dans quelle proportion y figurait chacune des industries qui allaient y trouver un centre et une représentation.

Les libraires comptaient	68 noms.
Les imprimeurs typographes	18
Les imprimeurs lithographes	1
Les imprimeurs en taille-douce	3
Les fabricants de papier	14
Les fondeurs	8
Les fabricants d'encre	1
Les brocheurs	1
Les agents de publicité	5

Le 5 mai, date solennelle de la fondation du Cercle, a lieu à la mairie du XIe arrondissement la première assemblée générale. 67 membres sont présents. Par acclamation, M. J.-B. Baillière est nommé président, M. Pagnerre, secrétaire. Celui-ci lit un compte rendu des travaux de la commission depuis le 1er avril et le termine par un appel à la confiance, appel chaleureux dont M. Didot, un an plus tard, répétait dans un de ses discours les termes éloquents : « Serons-nous plus heureux que nos prédécesseurs? s'écriait-il. Franchement nous le croyons, messieurs, car cela dépend de vous. Que chaque membre du Cercle soit convaincu comme nous le sommes que tout ce qui est utile à l'intérêt général de nos industries est nécessairement profitable à l'intérêt particulier de chacune d'elles, à l'intérêt individuel de chacun de nous; qu'il apporte à la réunion des efforts communs le tribut dévoué de ses lumières et de son zèle, et bientôt nous verrons arriver en foule les indifférents et les timides, ces ouvriers de la dernière heure que le succès seul entraîne et que nous accueillerons cependant avec empressement, car leur tardive venue sera tout à la fois la constatation du bien que nous aurons déjà produit et la cause d'une prospérité nouvelle plus générale et plus féconde. »

Sous l'impression de ces belles paroles, tous les membres présents signent l'acte de société et l'on procède immédiatement à l'élection du premier président et du Conseil d'administration du Cercle.

M. Ambroise Firmin-Didot est proclamé président.

MM. J.-B. Baillière et Hingray sont nommés vice-présidents.

Secrétaire : M. Pagnerre (à l'unanimité).

Trésorier : M. Pillet.

Conseillers : MM. Mathias.

P. Renouard.

Amédée Gratiot.

Jacques Lecoffre.

Biesta.

Boichard.

J. Renouard.

Blanchet.

A. Lacroix.

Guillaumin.

Telle fut la composition du premier Conseil d'administration du Cercle. La librairie y comptait 8 représentants, l'imprimerie 2, la papeterie 4 et la fonderie 1.

La première question qui s'imposait à ses délibérations était l'établissement du siège social. Une commission, présidée par M. Pagnerre, fut chargée de ce soin. Après bien des recherches, son choix s'arrêta sur un appartement situé rue des Petits-Augustins, n° 5, et l'inauguration en fut célébrée, le 6 août, par une grande soirée à laquelle cent cinquante personnes assistèrent.

L'édifice était fondé, il est vrai; mais ses bases, encore bien étroites, avaient grand besoin d'être à la fois consolidées et élargies. On se mit à l'œuvre avec une ardeur nouvelle, et les séances, tant du Conseil d'administration que des assemblées générales, se succédèrent pendant plusieurs mois avec une fréquence inusitée depuis cette époque. C'est dans une des dernières réunions de l'année que le Cercle fut saisi pour la première fois d'une question de propriété littéraire. Il s'agissait d'un ouvrage d'Ivan Golovine édité par Capelle, et dont ce dernier venait de découvrir une contrefaçon à Leipzig. Cet incident fournit à MM. J.-B. Baillière et Pagnerre l'occasion de rappeler les importants travaux d'une *Commission de la Librairie parisienne* dont ils faisaient partie depuis plusieurs années. En maintes circonstances, cette Commission avait eu à intervenir auprès des ministres et des députés pour la défense des intérêts de la Librairie ; c'était grâce à ses efforts que la reconnaissance du principe de la propriété littéraire avait été introduite dans les traités de commerce conclus avec la Hollande et la Sardaigne. Les questions de contrefaçon intérieure et extérieure avaient été l'objet de sa constante sollicitude, non moins que celles de l'affranchissement et du timbre. Preuve évidente déjà de l'efficacité de l'action collective, qui devait trouver un bien autre élément de puissance dans le Cercle !

C'est également à cette époque qu'il est parlé pour la première fois de l'*Annuaire de la Librairie*, à propos d'une lettre de M. Werdet, qui offrait d'en entreprendre la publication, *sous les auspices du Cercle.*

L'étude de tout ce qui touche à l'organisation intérieure se poursuit sans relâche. Par l'initiative de M. Guillaumin et à la suite d'un rapport très remarquable de M. Amédée Gratiot, des conférences sont établies, et l'inauguration en est faite par M. Bastiat, de l'Institut, et M. Garnier, professeur à l'École des ponts et chaussées.

La création d'une bibliothèque spéciale est l'objet d'une proposition de M. J.-B. Baillière, à l'appui de laquelle il lit un rapport des plus substantiels, où sont indiqués les moyens à employer pour former cette collection, la nature des ouvrages à y introduire et la mesure dans laquelle chaque industrie pourra être appelée à donner son concours. Il recommande en outre l'installation d'une exposition permanente des livres offerts au Cercle.

Les projets se succèdent, s'accumulent, leur réalisation semble pourtant devoir être prochaine; mais l'année 1848 vient de s'ouvrir et la révolution de Février a éclaté. La situation est grave pour toutes les branches du commerce, mais elle semble porter une atteinte particulièrement profonde aux quatre industries représentées au Cercle. Il importe d'aviser à leur venir en aide au plus tôt.

M. Ambroise Firmin-Didot convoque à la fois le Conseil et l'Assemblée générale, et de cette double délibération naît un projet dont nous croyons inutile de faire ressortir l'importance, celui de fonder un *Comptoir national d'Escompte*. Sur la demande de M. Biesta, une Commission est aussitôt nommée et la question mise à l'étude. Entre temps on organise en toute hâte au profit des industries typographiques un comptoir spécial qui prend le nom de *Sous-Comptoir* de la Librairie et établit son siège dans le local de l'Association. Bien d'autres avant nous ont parlé comme il convient de ces institutions et de ceux qui les ont créées et développées; bornons-nous à dire que toutes nos industries ont apprécié les immenses bienfaits des premières et qu'elles ont, depuis cette époque mémorable, voué aux seconds une éternelle reconnaissance.

Le 12 mai 1848 a lieu la première Assemblée générale annuelle. Après avoir, dans un éloquent discours, raconté l'histoire de la fondation du Cercle, M. Ambroise Firmin-Didot fait connaître que le nombre des membres s'élève en ce moment à cent cinquante-sept et que le solde en caisse est de 8,088 fr. 81 c.

Nous avons exposé le plus brièvement possible les travaux de cette première année, laborieuse entre toutes ; le lecteur en aura une appréciation plus complète lorsqu'il saura que pendant cette courte période seize assemblées générales avaient été convoquées, et que le Conseil d'administration avait siégé trente-quatre fois.

L'Assemblée du 12 mai, avant de se séparer, réélut M. Ambroise Firmin-Didot président, et nomma vice-présidents MM. J.-B. Baillière et Lecoffre, secrétaire M. Amédée Gratiot, et trésorier M. Pillet.

Dans les mois qui vont suivre, trois faits méritent principalement d'être signalés. Le premier est un rapport intéressant de M. Gratiot sur une proposition de M. Langlois tendant à organiser dans les salons du Cercle une exposition permanente de gravures, de lithographies et d'œuvres remarquables de la typographie. L'idée avait été émise précédemment par M. J.-B. Baillière, mais elle se présentait, cette fois, développée sur un plus large plan.

Le second, dû à l'initiative de M. Lecoffre, est la reconstitution de la Société formée pour la poursuite de la contrefaçon. Cette Société se composait de MM. Hachette, Renouard, Colas, Chapsal, Belin-Leprieur, Jules Delalain, Poussielgue-Rusand, Firmin-Didot et Pagnerre.

Le troisième a trait à la présentation au Tribunal de commerce, sur sa demande, de neuf membres du Cercle pour remplir les fonctions d'arbitres. L'un d'eux était M. Eugène Roulhac, qui devait, quatorze ans plus tard, créer le Comité judiciaire.

L'année suivante, M. Ambroise Firmin-Didot quittait la présidence malgré les instances de ses collègues, auxquels il avait fourni tant d'occasions d'apprécier l'élévation de son intelligence et l'étendue de son dévouement. Après avoir, dans un dernier rapport, adressé les plus chaleureuses félicitations à M. Pagnerre et à M. Biesta pour la part considérable qu'ils avaient prise à la création des deux Comptoirs, il rappela qu'à toutes les époques de commotions politiques la Librairie avait été sérieusement atteinte, et qu'il fallut plus d'une fois lui venir en aide. Sous Louis XII, le corps de l'Imprimerie et de la Librairie fut exempté d'un impôt de 30,000 livres et eut la faculté de faire circuler ses produits en franchise. Louis XVI, au commencement de la Révolution, avança 6 millions à la Librairie. Sous l'Empire, on la débarrassa, au moyen des licences, d'un trop-plein démesuré, dont l'effet sans cela se ferait peut-être encore sentir. En 1830, enfin, elle eut une très large part dans le prêt de 30 millions.

Après M. Ambroise Firmin-Didot, la présidence échut à M. Pagnerre; les deux anciens vice-présidents et le secrétaire furent maintenus ainsi que le trésorier.

M. L. Hachette venait d'être porté à la Chambre de commerce par le suffrage du Cercle. Invité à assister à la séance du Conseil du 25 juillet 1849, il annonce qu'il a été consulté par M. Dufaure sur les moyens d'améliorer le commerce de la Librairie auquel le ministre déclare porter le plus vif intérêt. Puis, profitant de la circonstance, il expose et développe devant le Conseil l'idée qu'il nourrissait depuis longtemps d'établir dans les diverses industries qui composent le Cercle des caisses de secours et de retraite, distinctes et indépendantes l'une de l'autre, en faveur des ouvriers et des employés de ces industries, et cela au moyen d'une association formée entre ces derniers et les chefs d'établissements. Cette intéressante proposition reçoit l'adhésion de tous les membres et plus particulièrement celle de M. Beau, un spécialiste des plus distingués en la matière. Une commission est aussitôt nommée qui comprend MM. Pagnerre, Hachette, Beau, Thunot et Langlois. Bientôt après, M. Hachette rédigeait sur la question un travail remarquable, « exécuté, à dit M. Pagnerre, avec toutes les ressources d'un cœur dévoué et d'un esprit éminent ». Le Conseil en votait l'impression.

A cette même époque, 8 août, sur la demande de M. Napoléon Chaix, un local est concédé à la Chambre des Imprimeurs typographes, dans les appartements du Cercle, pour y tenir ses réunions. Cette Chambre avait alors pour président M. Guiraudet.

La question de la propriété littéraire, ravivée par la découverte de nouvelles contrefaçons en Belgique, est l'objet d'une préoccupation toute particulière de la part du Conseil d'administration. M. J. Delalain principalement déploie en cette circonstance un zèle des plus éclairés et une ardeur infatigable. M. Pagnerre, qui, de son côté, se tient constamment sur la brèche, écrit à ce sujet au président du Cercle artistique et littéraire de Bruxelles, et le détermine à concerter ses efforts avec ceux du Cercle de la Librairie pour combattre cette piraterie littéraire.

Il y a lieu de signaler dans les premiers mois de l'année 1850 une communication importante transmise au président du Cercle par le ministre de l'intérieur, sur l'invitation du ministre des affaires étrangères. Celui-ci informait le Cercle que des pourparlers sérieux venaient d'être entamés entre l'Angleterre et la France pour la reconnaissance de la propriété littéraire. Ce procédé si flatteur pour l'association n'était pas un fait exceptionnel. Le Cercle jouissait déjà, à cette époque, d'une considération très étendue. Sur maintes questions, on avait recours aux lumières de ses membres et plus d'un trouvait facilement porte ouverte auprès des ministres. La communication dont nous venons de parler était bientôt suivie de l'envoi du projet de traité entre les deux pays, avec invitation au président de transmettre les observations auxquelles ce projet pourrait donner lieu. M. Pagnerre répondit au désir du ministre, et, par les objections qu'il lui soumit, le détermina à ne pas donner suite aux négociations.

Nous croyons intéressant, du reste, de faire connaître, à ce propos, quelle était la position du Cercle au commencement de 1850.

Le Cercle était alors représenté :

Au Tribunal de commerce, par MM. Langlois, Gratiot et Cosse ;

A la Chambre de commerce, par M. Hachette ;

Au Conseil des prud'hommes, par M. Guiraudet ;

Au Comptoir d'escompte, par M. Biesta, directeur; MM. Grenard, Hyacinthe Firmin-Didot, J.-B. Baillière et Lecou, conseillers ;

Au Sous-Comptoir d'escompte, par ses dix administrateurs ;

A la Commission centrale d'assistance publique, par MM. Beau et Hachette ;

Au Conseil municipal, par MM. Firmin-Didot et Bixio ;

A l'Assemblée législative, par M. Bixio.

Le bureau de l'année précédente fut maintenu pour l'année 1851, et les pouvoirs de ses membres furent prorogés successivement jusqu'en 1854. Nous avons à signaler dans cette période la création de la *Caisse de Secours* du Cercle, à la suite d'un rapport de M. Charles Laboulaye ; puis la fondation des *bibliothèques communales,* due à l'initiative de M. Radu, et qui ne fut menée à bonne fin que grâce aux efforts réunis du Cercle et d'une commission formée en dehors de lui.

Cependant la contrefaçon continue à s'exercer sur une large échelle à l'étranger. M. Lecofire est chargé de faire un rapport sur les voies et moyens à employer pour y mettre un terme. Il conclut à l'ouverture d'une souscription dans toutes les industries du Cercle pour subvenir aux frais de cette campagne. Séance tenante, la souscription est ouverte et l'on décide aussitôt l'envoi de M. Sergent en Sardaigne. Bientôt on apprend qu'une convention vient d'être signée entre la France et le gouvernement de ce pays.

A cette bonne nouvelle si vivement attendue et dont on avait bien quelque droit de se réjouir, le bureau du Cercle se transporte chez le Président de la République et chez le ministre des affaires étrangères, pour exprimer à l'un et à l'autre sa reconnaissance au nom de l'association.

Cet empressement du Cercle à témoigner sa gratitude au gouvernement dans la circonstance que nous venons d'indiquer montre bien quelle importance il attachait à en finir avec la contrefaçon, cet ennemi toujours renaissant, contre lequel, depuis plusieurs années, il luttait avec une si

persévérante énergie que l'on pouvait se demander si le but
de la fondation du Cercle n'avait pas été uniquement de le
combattre, et si, celui-ci une fois réduit, le Cercle aurait
encore sa raison d'exister.

M. Pagnerre possédait toutes les qualités de tempéra-
ment et d'intelligence nécessaires à la conduite d'une pareille
entreprise. Admirablement secondé par MM. Delalain, Hachette et Lecoffre, il ne se contentait pas de tenir l'oreille
constamment ouverte à tout renseignement de nature à éclai-
rer ou à appuyer sa marche, il entretenait encore une cor-
respondance suivie avec les représentants de la France à
Bruxelles, à La Haye, à Lisbonne, avec la Société des
libraires suisses, etc. Toutes ses mesures étaient prises pour
que la victoire tôt ou tard ne pût lui échapper. Il ne lui fut
pas donné de la voir complète. Pour la sixième fois, il venait d'être réélu président, lorsque la mort le frappa à l'âge
de quarante-neuf ans.

Le Cercle porta douloureusement le deuil de cet homme
de cœur et de dévouement, auquel il devait en partie sa création, et qui, pendant huit années, comme secrétaire et
comme président, avait tant fait pour le développement et
l'honneur de l'association. Dans une notice où la distinction
du style est unie à la noblesse des sentiments, M. Gratiot
rappela à l'Assemblée générale du 17 octobre les titres de
M. Pagnerre à l'éternel souvenir de ses collègues et de ses
confrères, et mit au premier rang la création du Comptoir
d'escompte et l'abolition de la contrefaçon [1].

_____

1. En 1848 M. Pagnerre avait été secrétaire général du gouvernement
provisoire et de la commission exécutive, membre de l'Assemblée consti-
tuante et l'un de ses vice-présidents, enfin maire du Xme arrondissement.

Quelques jours avant la mort de M. Pagnerre, le 9 août 1854, le Cercle avait été avisé que, par décision du 25 juillet, le préfet de police avait autorisé sa constitution légale.

La direction du Cercle demeura confiée à M. J.-B. Baillière, l'un des vice-présidents, jusqu'au mois d'avril 1855. A cette date, M. Thunot fut nommé président et MM. Delalain et Roulhac vice-présidents, MM. Gratiot et Pillet étant maintenus, l'un secrétaire, l'autre trésorier.

En prenant possession du fauteuil, M. Thunot prononça un discours des plus remarquables. Le passage notamment où, s'appliquant à énumérer les qualités qui lui semblaient devoir être requises d'un président, il fit d'une façon à la fois délicate et charmante le portrait de son regretté prédécesseur, est incontestablement une des plus belles pages de nos annales et lui valut de très vifs applaudissements. Parlant ensuite des travaux effectués pendant la précédente année par la commission pour la défense de la propriété littéraire, il annonça que des conventions internationales existaient déjà avec vingt États.

Mais des préoccupations d'un autre ordre commençaient à naître. 1856 approchait, et il fallait songer déjà à la reconstitution de la Société du Cercle et au renouvellement du bail. Une première commission est nommée dont font partie MM. Thunot, Roulhac et Laboulaye; elle revise les statuts et en fait voter la nouvelle rédaction par l'Assemblée générale du 11 décembre 1855. Une seconde commission, composée de MM. J.-B. Baillière, Laboulaye et Delalain, élabore un plan de réorganisation du Cercle.

La Société nouvelle commence à se former, lorsque tout à coup on apprend que, par suite d'événements dont le récit ne présenterait aucun intérêt dans cette notice, le fonds de réserve se trouve épuisé. Dans quelles conditions la liquidation de la Société qui finit pourra-t-elle s'effectuer, sur quelles bases et par quels moyens réussira-t-on à créer une Société nouvelle ? Telles sont les questions qui surgissent dans la pénible situation où l'on se trouve. Une Assemblée générale est réunie : quelques membres proposent de se borner à la création d'un simple syndicat de la Librairie ; d'autres, parmi lesquels M. Roulhac, se montrent résolus à tenter la reconstitution du Cercle. L'Assemblée partage l'avis de ces derniers ; elle vote la liquidation de l'ancienne Société et décide qu'avant de recourir à toute autre combinaison on cherchera à constituer un nouveau Cercle et à obtenir l'adhésion de 125 membres payant une cotisation de 120 francs. MM. Thunot, Laboulaye et Roulhac sont invités derechef à reviser les statuts et à les adapter au nouvel ordre de choses. La cotisation est fixée à 150 fr. Le 25 avril, enfin, la nouvelle Société est déclarée constituée et l'Assemblée procède à la nomination du Conseil d'administration. Ses suffrages désignent comme président M. Langlois ; comme vice-présidents, MM. Thunot et Roulhac ; comme secrétaire, M. Victor Masson ; comme trésorier, M. Bréton. Les conseillers sont MM. J.-B. Baillière, Basset, Beau, Jules Delalain, Paul Didot, Dusacq, Kœppelin, Ch. Laboulaye, Pillet aîné, Jules Tardieu.

Quelques mois après, le 1ᵉʳ juillet 1856, le Cercle s'installait au deuxième étage de la maison portant le numéro 1 de la rue des Petits-Augustins, devenue rue Bonaparte. C'est à cette époque, le 14 octobre, que la *Bibliographie de la France, Journal de la Librairie,* qui, depuis 1811, date de sa création, était la propriété de la famille Pillet, passa aux mains du Cercle. Cette acquisition d'un organe spécial pour nos industries constituait un élément nouveau d'une importance considérable pour l'association. En lui imprimant une direction plus caractérisée, en lui donnant tout le développement qu'il comportait, le Cercle pouvait par son moyen servir d'une façon plus efficace qu'auparavant les industries dont il est le représentant, étendre ainsi son influence et se créer du même coup des ressources précieuses au profit de ces mêmes industries.

L'acte de cession une fois signé, MM. Delalain, Bréton et Victor Masson furent chargés d'étudier les modifications susceptibles d'être apportées à la publication. Sur leur demande, une Assemblée générale extraordinaire fut réunie, à laquelle on avait invité non seulement les membres du Cercle, mais encore soixante-dix-sept personnes choisies parmi les principaux libraires, éditeurs d'estampes et éditeurs de musique. C'était assurément une mesure sage que de faire appel, avant d'arrêter les nouvelles conditions d'existence du journal, aux lumières et à l'expérience de tous ceux auxquels la bibliographie était appelée désormais à rendre service. On discuta longuement, tant la question était complexe et tant étaient nombreux les orateurs qui se firent entendre. En somme, il ne fut pas possible de fixer, ce jour-là, un plan définitif.

A l'Assemblée générale succéda le Conseil d'administration, dont la séance fut occupée tout entière par la lecture d'un excellent rapport de M. Hachette sur la question de fusion avec le Cercle de l'ancienne *Société pour la défense de la propriété littéraire et artistique.* Cette société, dans le

3

but, comme son titre l'indique, de poursuivre la contrefaçon, s'était formée en 1826 par la réunion de quelques
libraires de bonne volonté, tels que Paulin, Hingray, Sau-
telet, Hector Bossange, Jules Renouard, Jules Didot, etc.
Réorganisée sur un plan plus large en 1852, elle vivait,
depuis cette époque, sous l'égide du Cercle, usant de son
hospitalité, bien qu'indépendante de lui par son administration, par son budget et par ses adhérents. M. Hachette,
après avoir fait l'histoire de ses efforts, de ses sacrifices et
des résultats qu'elle avait obtenus, démontra que le moment
était venu pour elle de confondre son organisation et ses
ressources avec celles bien autrement puissantes de la
grande association et de travailler sous une direction unique
à la défense des intérêts communs. La fusion fut acceptée
par le Conseil, et MM. J.-B. Baillière, Hachette et Tardieu
composèrent une commission chargée de l'étude de toutes
les questions se rattachant à la défense de la propriété
littéraire.

En janvier 1858, M. Delalain succède à M. Langlois
comme président du Cercle; MM. J.-B. Baillière et H. Plon
sont nommés vice-présidents; M. Bréton, trésorier; M. Victor
Masson, secrétaire.

Dès les premiers jours de sa présidence, M. Delalain
s'occupe du *Journal de la Librairie;* il en surveille l'impression, il en organise le service et fait adopter pour les titres
un fleuron qui est la reproduction de celui de l'ancienne cor-
poration des libraires. Il fonde ensuite l'*Annuaire de la
Librairie* et de toutes les professions qui se rattachent à la
typographie. La mise au jour de cette publication dont les
éléments étaient si difficiles à rassembler, à contrôler, à

coordonner, exigea de sa part une large dépense de ce zèle
et de cette activité dont il avait déjà fourni tant de preuves,
et qu'il ne cessa jamais de déployer dans tout ce qu'il
entreprit pour l'intérêt général. L'ancienne commission de
la propriété littéraire est refondue et la présidence en est
confiée à M. Hachette. Puis, comme la contrefaçon relève
la tête en Allemagne et en Hollande, M. Guiffrey est envoyé
en mission dans ces deux pays.

Sur ces entrefaites, un congrès de la propriété littéraire et artistique s'organise à Bruxelles. M. Faider, qui
doit le présider, et M. Romberg, le secrétaire désigné,
invitent le Cercle à prendre part aux travaux de cette grande
assemblée. L'occasion est solennelle et M. Delalain n'a
garde de la laisser échapper. A son appel, bon nombre de
membres se déclarent disposés à partir pour la Belgique, à
titre de délégués du Cercle. Il les divise en groupes
répondant aux divisions du programme.

Font partie de la 1re section (questions relatives à la
reconnaissance internationale de la propriété littéraire et
artistique), MM. Baudry, Charpentier, Delalain, Durand,
Hachette, Furne, Goupil, Langlois, Plon.

Appartiennent à la 2e section (questions relatives à la
propriété des ouvrages de littérature et d'art en général),
MM. Baudry, Napoléon Chaix, Charpentier, Colombier, De-
lalain, Firmin-Didot, Hachette, Furne, Guillaumin, Labé,
Lahure, Langlois, Michel Lévy, Victor Masson, Jules
Tardieu.

La 3e section (questions relatives à la représentation et à
l'exécution des œuvres dramatiques et musicales) comprend
MM. Colombier et Michel Lévy.

Dans la 4ᵉ section (questions relatives aux arts du dessin) figurent MM. Kœppelin, Goupil, Lemercier, Tardieu.

Dans la 5ᵉ section (questions économiques) se trouvent réunis MM. Napoléon Chaix, Firmin-Didot, Kœppelin, Gratiot, Lahure, Lemercier et Plon.

Cette importante délégation, conduite par le Président du Cercle, reçut du Congrès le meilleur accueil et prit une large part à ses travaux. Ceux-ci terminés, le Conseil d'administration vota à M. Delalain des remerciements unanimes pour le *zèle intelligent et l'esprit de conciliation* avec lesquels il avait représenté le Cercle en cette circonstance.

C'est à la fin de 1858 que la *Bibliographie de la France* publia pour la première fois un numéro spécialement consacré aux *livres d'Étrennes.*

L'Assemblée générale de janvier 1859 nomma M. Victor Masson vice-président, réélut M. Bréton trésorier, et appela M. Piet aux fonctions de secrétaire. Parmi les questions sur lesquelles eut à délibérer le Conseil pendant le cours de cette année, une des plus intéressantes fut assurément celle relative à l'établissement de bibliothèques dans les gares de chemins de fer. M. Napoléon Chaix qui l'avait soulevée proposait que ce nouveau marché fût ouvert à la librairie française tout entière, organisée en une sorte de syndicat. D'autre part, la maison Hachette, qui, depuis quelque temps déjà, jouissait du privilège de premier occupant et avait passé des traités pour cet objet avec plusieurs compagnies, ne faisait pas difficulté de laisser aux autres éditeurs libre accès sur le terrain conquis, mais à certaines conditions déterminées. On discuta longuement, mais il fallut reconnaître que la discussion ne pouvait aboutir, et l'Assemblée, se rangeant à l'avis de M. Victor Masson, vota que le Cercle n'interviendrait pas dans la question.

Dans le courant de l'année suivante (1860), des jetons de présence en argent furent pour la première fois distribués aux membres du Conseil d'administration.

Les élections de 1861 appelèrent à la présidence M. Eugène Roulhac, et à la vice-présidence M. J. Tardieu. MM. Bréton et Piet furent maintenus dans leurs fonctions.

Un des premiers actes du nouveau Conseil fut, sur la proposition de M. Tardieu, de voter à M. J. Delalain, en témoignage de reconnaissance, une médaille en or, avec cette inscription : « le Cercle à M. J. Delalain. »

Le fait le plus important à signaler dans le cours de la présidence de M. Roulhac est la fondation du Comité judiciaire du Cercle, en avril 1863. Avant cette époque, les arbitrages confiés par le Tribunal de commerce au président du Cercle étaient distribués par ce dernier à quelques-uns de ses collègues, hommes de bonne volonté et de dévouement, mais auxquels le loisir nécessaire faisait trop souvent défaut. De cette situation résultaient des inconvénients nombreux dont le moins grave peut-être était un retard souvent considérable dans la solution des affaires, au grand détriment des parties. Centraliser tous ces arbitrages au Cercle même, former un comité d'hommes dévoués et capables, choisis dans toutes les branches de l'industrie typographique, leur imprimer une direction tant pour la conduite des débats que pour la recherche du point capital de la cause et des éléments de conciliation, établir une certaine unité d'appréciation pour les faits d'un caractère spécialement professionnel, créer enfin un fonctionnement tout nouveau en vue d'une bonne et prompte justice, telle fut l'œuvre de M. Roulhac. Organisée avec la droiture d'esprit et la fermeté de caractère qui le distinguaient, cette œuvre ne pouvait manquer de réussir. Le Tribunal de commerce l'accueillit avec faveur et renvoya désormais devant le Cercle tous les différends qui pouvaient rentrer dans sa compétence.

Dès la première année de sa fondation, le Comité judiciaire eut à examiner 150 affaires, sur lesquelles 135 se terminèrent par la conciliation. Cinq ans plus tard, en 1868, 260 étaient inscrites au registre de ses séances, et le chiffre annuel s'élevait bientôt à 300. Les réunions, de bi-mensuelles qu'elles avaient été au début, étaient devenues hebdomadaires, et les neuf membres qui composaient le Comité se voyaient obligés, pour suffire à leur tâche, de se diviser en deux sections.

Si les plaideurs trouvaient facilement leur compte à ce nouvel état de choses, le Cercle ne tardait pas, lui aussi, à en recueillir de sérieux avantages. Le chiffre de ses sociétaires qui, depuis 1849, n'avait jamais atteint 140, montait rapidement à 160, pour suivre sans interruption une marche ascendante. C'est que, par le fait des arbitrages, bon nombre de membres de nos industries, assez peu soucieux jusqu'alors de l'existence du Cercle, en avaient appris le chemin. En même temps que sa notoriété, il voyait s'accroître son influence.

En quittant la présidence, M. Roulhac fut heureux d'annoncer qu'à raison de la situation financière du Cercle, plus satisfaisante que jamais, il croyait devoir proposer une réduction de la cotisation dont le chiffre était alors de

120 francs. L'Assemblée n'hésita pas à partager son sentiment et décida que la cotisation serait ramenée à 100 fr.

M. L. Hachette fut appelé à la présidence le 26 février 1864. L'Assemblée générale lui adjoignit, comme vice-présidents, MM. Ch. Laboulaye et P. Firmin-Didot; comme secrétaire, M. Charles Pagnerre, et M. Stanislas Prioux comme trésorier.

L'arrivée du nouveau président à la direction du Cercle était pour tous un événement important. Déjà, en maintes circonstances, appelé à intervenir dans des questions d'intérêt général pour nos industries, il avait donné d'éclatantes preuves de sa haute intelligence, de sa connaissance des hommes, de son expérience des affaires et de son esprit d'initiative et de dévouement. On pressentait que la voie dans laquelle l'Association était engagée et se développait plus ou moins à l'aise depuis seize ans allait s'élargir, que, plus facile, la marche serait aussi plus rapide, qu'enfin des horizons nouveaux ne tarderaient pas à apparaître.

Ces espérances si bien fondées, M. L. Hachette les eût assurément dépassées, si le terme de ses jours eût été moins prochain. A peine investi de ses pouvoirs, il procède à la réorganisation complète des Comités, le Comité judiciaire excepté, qui continuera à être présidé par M. Roulhac. Il en établit cinq, apportant un soin particulier au choix des membres qui les composent. A chacun d'eux il remet le programme des questions à étudier dans des réunions de quinzaine, qu'il s'engage à présider, au moins durant les premiers mois. Ces questions seront l'objet de rapports au Conseil d'administration, et donneront lieu à la convocation d'Assemblées générales pour la ratification des résolutions adoptées.

Sous sa ferme impulsion, les Comités se mettent immédiatement à l'œuvre, et de deux en deux jours leurs séances se succèdent au Cercle.

Dans l'intervalle, M. L. Hachette s'occupe de fonder une Bibliothèque spéciale qui réponde aux besoins de nos industries. Il charge M. Prioux de rassembler les documents, curiosités et raretés bibliographiques que possède déjà le Cercle, et d'acquérir ceux qui pourront se présenter dans de bonnes conditions. Il offre lui-même plusieurs ouvrages curieux qui formeront les premiers éléments de cette collection.

Le 3 juin, il présidait pour la troisième fois le Conseil et faisait connaître une disposition testamentaire de M. Dalmont qui léguait au Cercle 1,000 francs pour sa bibliothèque et une rente annuelle de 400 francs pendant dix ans au profit de sa caisse de secours. Appelé quelques jours après dans le Midi, il en revenait bientôt, gravement atteint de la maladie, qui, vers la fin de juillet, devait le mener au tombeau.

L'émotion fut profonde au Cercle lorsqu'on apprit la mort de M. L. Hachette. M. Laboulaye se fit dignement l'interprète, auprès du Conseil d'administration, des sentiments de regrets que tous en avaient ressentis. Ce dernier décida que, pour continuer l'œuvre si tristement interrompue du regretté président, on proposerait pour lui succéder M. Louis Bréton, son gendre, à la fois le confident et le dépositaire de ses projets. L'Assemblée générale du 25 novembre 1864 ratifia le choix du Conseil d'administration.

La présidence de M. Bréton embrasse trois années et quelques mois. Cette période compte parmi les plus profitables aux intérêts généraux de nos industries et en même temps les plus fructueuses pour le Cercle.

Le premier soin de M. Bréton, ce qu'il regarde comme son premier devoir, est de donner communication des projets qu'avait conçus M. Hachette en vue de la prospérité de notre association, projets dont il se déclare disposé, avec le concours de ses collègues, à poursuivre la réalisation. La place nous fait défaut, même pour les résumer ; nous dirons seulement que l'un d'eux visait l'affranchissement du commerce de la Librairie en France ; qu'un autre tendait à la construction par le Cercle d'un immeuble destiné à servir de centre de réunion à toutes nos industries. Là, suivant ses plans, tiendraient leurs séances : les Assemblées générales du Cercle, le Conseil d'administration, les Chambres des imprimeurs typographes, lithographes et en taille-douce, les syndicats des libraires catholiques, des relieurs et des protes, et le Comité central des marchands de papier. Là aussi trouveraient place les bureaux du *Journal de la Librairie*. On y ménagerait encore une salle de bibliothèque, une autre pour la vente des livres, une troisième pour différentes expositions, notamment pour une exposition annuelle des produits de la typographie. Les sociétés savantes seraient invitées à s'y réunir, des conférences littéraires ou scientifiques y seraient instituées. Un emplacement y pourrait être réservé à l'installation d'une école du soir, à l'usage des employés de nos industries.

C'est à la mise à exécution de ce dernier projet si nettement conçu, si complet, que vont travailler sans interruption pendant plusieurs années les présidents qui se succéderont au Cercle.

M. Bréton s'occupe du *Journal de la Librairie* avec une sollicitude spéciale ; il cherche à lui donner une expansion plus considérable que par le passé et à lui adjoindre des éléments nouveaux d'utilité ou d'intérêt. Il crée dans ce but le *Bulletin industriel,* publication mensuelle, spécialement consacrée aux annonces concernant la photographie, la gravure, la fonderie, le matériel d'imprimerie, la papeterie, la fourniture de bureau, etc. Le feuilleton du *Journal de la Librairie* s'enrichit d'une division nouvelle, celle des *ouvrages demandés ou offerts*. La *Table systématique* du même journal, interrompue depuis plusieurs années, est rétablie.

Si le chiffre des abonnés de la *Bibliographie* augmente rapidement, le nombre des membres du Cercle s'accroît également dans une notable proportion ; il a bientôt dépassé 200. Mais ce résultat, quelque satisfaisant qu'il paraisse à tous, ne suffit pas au zèle de M. Bréton. Pour donner à l'association toute la force, toute l'influence qui lui sont nécessaires pour la sauvegarde des intérêts qui lui sont confiés, il importe que le plus grand nombre possible des membres de la grande famille professionnelle se trouvent en communication avec elle par des rapports faciles et fréquents. Or la librairie de province était jusqu'alors demeurée presque complètement en dehors de l'action et du rayonnement du Cercle ; il s'agissait de la rattacher au foyer central par des liens plus étroits. De là, la création des *membres correspondants de province*. En quelques mois, à l'appel du président, plus de 200 libraires des départements se sont ralliés au Cercle.

Mais voici qu'une exposition internationale à Paris est annoncée pour 1867, les Commissions s'organisent, le travail de la classification est déjà entrepris. Le moment est venu de tenter de faire résoudre d'une façon définitive une question ancienne déjà, et que M. Roulhac avait agitée, non sans quelque succès, lors de l'Exposition de Londres. Nous voulons parler de l'admission des Libraires-éditeurs aux expositions universelles, aux mêmes titres et avec les mêmes droits aux récompenses que les Imprimeurs. Jusque-là, la qualité de producteurs leur avait été déniée pour être réservée uniquement à ces derniers. Grâce aux démarches de M. Bréton, aidé du concours sympathique de M. Le Play, la Librairie est enfin reconnue habile à prendre rang aux expositions dans des conditions équivalentes à celles des autres industries.

A cette époque, une impulsion considérable était donnée à l'instruction publique. A côté des bibliothèques populaires, scolaires et communales qui se fondaient sur tous les points de la France, on voyait naître les associations polytechniques et philotechniques, et de toutes parts s'ouvrir les cours d'adultes. Le Cercle ne pouvait qu'être sympathique à ces œuvres de progrès ; il leur apporta largement son concours pécuniaire que depuis il n'a jamais cessé de leur maintenir.

La question de la propriété littéraire continue comme par le passé à être l'objet de la préoccupation du Conseil d'administration. Une lettre est adressée en son nom au ministre de l'instruction publique, à l'effet d'obtenir que la durée de la propriété littéraire soit portée pour tous héritiers et cessionnaires de dix ans à trente ans. On s'occupe en même temps de rétablir la Société pour la défense de la propriété littéraire à l'étranger.

Enfin des démarches sont faites auprès des ministres d'État et de l'Intérieur en vue de les pressentir sur l'intéressante question de la liberté de la Librairie.

Terminons cette rapide analyse de la présidence de M. Bréton en consignant le souvenir des premiers essais tentés pour la réalisation de l'un des projets de M. Hachette, la construction d'un immeuble. Vers la fin de 1866, une proposition avait été soumise au Conseil, tendant à installer dans un même local à édifier le Cercle et plusieurs Sociétés savantes. Après discussion, on dut l'écarter. Mais un an plus tard la question se présentait de nouveau sous un aspect plus favorable. La partie du marché de la Vallée formant bordure sur le quai des Grands-Augustins allait être démolie, laissant à découvert un espace de terrain assez considérable qui serait divisé en plusieurs lots. Un de ceux-ci semblait pouvoir convenir à une réalisation économique du grand projet. Des pourparlers s'engagèrent, des plans furent dressés par M. Raveau, architecte et membre du Cercle, on ouvrit même une souscription, puis les négociations se rompirent au moment où une solution toute différente paraissait assurée.

On voit par le résumé qui précède que cette présidence avait été pour le Cercle une période de travail, d'amélioration et de progrès constant ; il faut ajouter que ce fut en même temps une époque d'intelligentes et agréables distractions. Plusieurs conférences et des fêtes nombreuses, surtout pendant la durée de l'exposition, avaient, autant par leur variété que par leur fréquence, entretenu au Cercle une animation qui, depuis plusieurs années, y était inconnue.

En cédant ses pouvoirs à son successeur, M. Bréton faisait connaître le résultat suivant des quatre dernières années. Le nombre des membres du Cercle s'était élevé de 134 à 209, auxquels il fallait ajouter 200 membres correspondants ; les annonces de la *Bibliographie*, qui, au commencement de 1864, produisaient 28,000 francs, donnaient présentement plus de 35,000 francs. Enfin l'actif du Cercle dépassait 100,000 francs.

La présidence du Cercle fut dévolue le 17 avril 1868 à M. Charles Laboulaye. MM. Best et Schulz furent nommés vice-présidents, M. Émile Baillière, secrétaire, et M. Wolff, trésorier.

Les faits intéressants à signaler sous l'administration de M. Laboulaye sont nombreux. Nous ne ferons que mentionner quelques-uns d'entre eux pour exposer avec le développement qu'il nous semble comporter le plus important de tous, le rôle du Cercle pendant la guerre de 1870.

La Commission de l'immeuble continue ses travaux, mais sans pouvoir obtenir malgré ses efforts le résultat poursuivi. La liberté de la Librairie est l'objet d'une pétition adressée au Sénat par le Conseil d'administration et donne lieu, de la part du président du Cercle, à la publication d'une brochure dans laquelle se trouvent résumés tous les arguments propres à élucider la question.

La première moitié de l'année 1870 s'est écoulée, la guerre éclate ; ce n'est plus d'affaires qu'il s'agit maintenant, car nos armées sont refoulées, le sang a coulé abondamment et des milliers de prisonniers sont partis en exil. Aux appels qui de tous côtés se font entendre en faveur de ceux-ci, le Cercle répond par le vote de cinq mille francs prélevés sur son fonds de réserve au profit des blessés, et par 20,000 autres, produit d'une souscription qu'il a ouverte dans les trois industries dont il est le représentant. Le 19 août, il reçoit une lettre du baron de Holtzendorff, membre correspondant de l'Institut de France, et président d'un Comité de secours à Berlin, qui sollicite l'envoi de livres aux Français prisonniers en Allemagne. Le Cercle se fait solliciteur à son tour auprès des éditeurs, il centralise les dons qui atteignent bientôt le chiffre de 30,000 volumes, en dirige la majeure partie sur l'Allemagne et distribue le restant dans les hôpitaux et ambulances militaires de Paris.

Sur ces entrefaites passe presque inaperçu, tant les circonstances sont graves, un événement d'une importance capitale pour nos industries. Par décret en date du 10 septembre, le gouvernement de la Défense nationale avait proclamé la liberté de la Librairie et de l'Imprimerie.

L'investissement de Paris est complet. Le Cercle donne son concours à la souscription pour la fonte des canons, et fait distribuer 200 ceintures de flanelle aux employés nécessiteux ; sa caisse demeure ouverte aux œuvres patriotiques ou charitables, mais ses salons sont déserts, car tous ses membres valides ont pris place aux remparts.

Mais, tandis que ces jours de souffrance et de tristesse approchent de leur terme, un élan admirable de sympathie s'est emparé des libraires anglais en faveur de leurs confrères malheureux de Paris. Par l'initiative généreuse de MM. Sampson Low et Whitaker, un meeting s'est tenu à Londres sous la présidence de M. Thomas Longman,

MM. Marston et John Miles remplissant les fonctions de secrétaire et de trésorier. Une souscription ouverte pendant la séance a produit 600 livres sterling; continuée durant quelques jours, elle donne comme résultat total 1,382 livres sterling, soit 34,574 fr. 75.

Cette bonne nouvelle arrive au Conseil d'administration le 7 février 1871. Une lettre de MM. Thomas Longman et Sampson Low annonçait en même temps l'expédition de plusieurs tonnes de vivres et d'une somme importante destinés aux libraires et commis-libraires nécessiteux de Paris, et chargeait le Cercle d'en organiser la distribution.

Investis aussitôt des fonctions de commissaires, MM. Bréton, Noblet et Piet s'empressent de se conformer avec autant de zèle que de dévouement aux intentions des donateurs. Quelque temps après, MM. Fouret, Dumaine et Noblet sont envoyés à Londres avec mission d'acquitter la dette de reconnaissance de la librairie parisienne et du Cercle à l'égard des promoteurs de la souscription. Ils étaient porteurs pour chacun de ces derniers de médailles d'or et d'argent et de diplômes de membres honoraires du Cercle de la Librairie.

L'exposé que nous venons de faire du rôle du Cercle pendant cette douloureuse période de 1870-71 serait par trop incomplet si nous omettions de consigner ici les noms de quelques-uns de ses membres qui se sont plus particulièrement signalés par leur belle conduite devant l'ennemi. Il nous faut citer, en effet, M. Arnauld de Vresse, décoré pour sa bravoure pendant le siège et blessé mortellement dans la bataille livrée pour reprendre Paris à la Commune ; M. Eugène Lacroix, décoré également pour son courage et son énergie à l'armée de la Loire ; M. Auguste Doumerc enfin, à qui la croix a été décernée à la suite de la bataille du Mans.

Au mois d'octobre 1871, le bail de l'appartement occupé par le Cercle étant expiré, le siège de l'association fut transporté au premier étage de la même maison, rue Bonaparte n° 1.

Les pouvoirs de M. Laboulaye, qui, par suite des événements de guerre avaient été prolongés d'un an, expirèrent le 16 février 1872.

Si, à ces quatre années de présidence on ajoute les neuf années passées au Conseil d'administration, où sa vive intelligence et ses connaissances spéciales l'avaient fait appeler jusqu'à quatre fois, on reconnaît que de tous les membres du Cercle M. Laboulaye est celui qui a consacré la carrière la plus longue aux intérêts de l'association.

Le successeur de M. Laboulaye fut M. Georges Masson. MM. Chaix et Basset lui furent adjoints comme vice-présidents, M. Noblet comme secrétaire, M. Wolff comme trésorier.

Une impulsion vigoureuse et pleine d'initiative donnée à toutes les branches de l'organisation du Cercle et à tous ses éléments de vitalité, une application persévérante à étendre son action au dehors et à mettre à profit toute circonstance pouvant lui permettre de se manifester, tels ont été les caractères principaux de cette nouvelle période.

A l'exemple de ses prédécesseurs, M. Masson porte ses vues, tout d'abord, sur les comités. Il sait combien précieux est leur concours pour l'examen approfondi des questions importantes, et il se propose de leur ménager un rôle plus actif que celui qui leur a été dévolu dans le passé.

M. Masson choisit ses indispensables auxiliaires dans le sein même du Conseil d'administration. C'est avec ses membres qu'il forme plusieurs sous-commissions, ne laissant subsister des anciens comités que le Comité judiciaire, qui, placé depuis la mort de M. Roulhac, sous l'habile et compétente direction de M. Charles Noblet, n'avait cessé de justifier la confiance du Tribunal de commerce. Il entre alors hardiment dans la voie des améliorations et du progrès.

La *chronique* du journal de la Librairie lui paraît avoir un caractère trop exclusivement bibliographique, il s'applique à y développer la partie commerciale. Il y introduit ensuite un nouvel élément d'intérêt. Jusqu'alors les délibérations du Conseil étaient demeurées à peu près lettres closes pour les membres du Cercle, d'où empêchement pour ceux-ci de les apprécier et d'en tirer profit. Désormais la chronique s'enrichira chaque mois d'un extrait des procès-verbaux du Conseil. Tous les documents administratifs de quelque importance y seront également consignés.

L'Exposition de Londres va bientôt ouvrir ses portes. Les libraires français n'ont répondu que faiblement aux invitations qui leur ont été adressées par la commission ministérielle; ils paraissent décidés à déserter ce concours, qui, après tant d'autres, ne leur semble pas devoir produire des résultats en rapport avec l'importance de leurs efforts. Le Conseil d'administration du Cercle intervient alors, il nomme des commissaires qui réussissent à triompher de l'hésitation de quelques-uns et de l'indifférence du plus grand nombre, et vote les fonds nécessaires pour le transport et l'installation à Londres des produits qui lui sont confiés par quarante exposants. Quelques mois après, la librairie française remportait un succès aussi honorable qu'inespéré.

Le Cercle venait de faire un premier pas dans une direction encore inexplorée ; l'Exposition de Vienne devait lui fournir, l'année suivante, une occasion bien autrement favorable de manifester son action et d'affirmer les ressources et la puissance de son institution.

Cédant à l'entraînante initiative de son président, nommé membre du jury, il se décide à accuser, cette fois, sa personnalité dans tout son relief. Réunissant d'abord ses propres publications, il emprunte à ses membres ce que chacun d'eux a produit de plus parfait ou de plus intéressant dans toutes les branches des arts graphiques ; de cette collectivité il forme un monument, il se fait exposant. C'est la librairie française presque tout entière qui s'est groupée sous son patronage et tient à lui devoir son succès.

Installée sur les plans de l'habile architecte M. Rossigneux et sous la direction de M. Masson, l'Exposition collective du Cercle comprenait les plus remarquables produits de quatre-vingts maisons ; un catalogue spécial, véritable bijou typographique, imprimé par M. Claye, faisait connaître dans quelle mesure chacune d'elles avait concouru à l'érection de ce trophée. La réussite fut des plus complètes et un diplôme d'honneur fut décerné au Cercle. Une autre récompense non moins flatteuse lui était encore réservée dans la personne de son président. M. Masson, en effet, dont le dévouement et le zèle avãient si largement contribué à ce brillant résultat, reçut bientôt après la décoration de la Légion d'honneur.

Notre association venait donc d'obtenir à l'étranger

une précieuse consécration de sa valeur en tant qu'institution. Nous ne saurions mieux faire pour le démontrer que
de reproduire les termes du rapport du jury international.

« Le Cercle de la Librairie, etc., réunit, comme son
titre l'indique, toutes les professions qui concourent à la
production du livre ou de tout autre produit des arts graphiques. C'est dans cette union, dans laquelle chacun, tout
en conservant sa personnalité, sent pourtant qu'il fait partie
d'un ensemble qui domine et résume le tout, qu'il faut cher-
cher sans aucun doute l'un des motifs des succès obtenus en
France par le commerce des livres et des œuvres d'art, succès dont l'exposition collective du Cercle nous offre des
exemples aussi nombreux qu'éclatants. Nous pouvons donc
déclarer que le Cercle de la Librairie est une institution hautement méritante par l'influence qu'elle exerce sur le développement général et sur la diffusion des choses de l'esprit, et nous proposons à l'unanimité de lui attribuer un
diplôme d'honneur. »

Mais il nous faut revenir quelque peu en arrière pour
ne pas laisser sous silence plusieurs faits qui méritent d'être
mentionnés.

Le 18 avril 1872, le Conseil d'administration autorise
la Société de secours mutuels des employés en librairie de
Paris à tenir ses réunions au Cercle[1]. Le 3 mai, un projet de
revision de statuts est adopté par l'Assemblée générale.

Dans les premiers mois de 1873, le Cercle prête son

1. Autorisée en 1869 sur la demande d'un de ses membres, M. Adol-
phe Hasslauër, cette association eut, comme bien d'autres, de nombreux
obstacles à renverser avant de trouver sa libre voie. Les événements de
1870 notamment mirent singulièrement à l'épreuve le dévouement de

concours à une œuvre digne de toute sa sympathie. Cette
œuvre a pour objet la reconstitution de la bibliothèque mu-
nicipale de Strasbourg en remplacement de la bibliothèque
publique de cette ville, détruite, comme l'on sait, par les
bombes prussiennes dans la nuit du 20 août 1870. Avec
l'aide d'une commission qui, au nombre de ses membres
les plus zélés, comptait M. A. Chaix, le Cercle parvient à
réunir pour cette destination plus de 1,800 volumes.

A cette même époque a lieu un événement important
dont nos industries n'avaient pas moins à s'enorgueillir que
celui qui en recueillait le légitime honneur : M. Ambroise-
Firmin Didot venait d'être nommé membre de l'Institut (Aca-
démie des inscriptions et belles-lettres). Sur la proposition de M. J.-B. Baillière, un grand banquet est dressé
dans les salons du Cercle, et cent vingt convives prennent
place aux côtés du nouvel académicien. On eût dit la fête
de la typographie française tout entière, personnifiée dans
un de ses membres à la fois le plus digne et le plus illustre.

L'année 1874 ne présente pas un intérêt moindre que
les deux précédentes. Les conférences sont rétablies, ou
plutôt inaugurées à nouveau, car aucune n'avait été donnée
depuis la présidence de M. Bréton. M. Aimé Girard, professeur au Conservatoire des arts et métiers, et M. Gaston
Tissandier y obtiennent un grand succès. Le premier traite
de la fabrication moderne du papier ; le second fait une

ses fondateurs; mais par la fermeté de leur résolution, non moins que
par la scrupuleuse observation des engagements contractés, ils s'assurèrent
bientôt l'adhésion et le concours des principaux éditeurs, et l'œuvre fut
solidement fondée. Elle compte aujourd'hui 80 membres honoraires et
près de 170 membres participants. Son capital dépasse 30,000 francs.

première fois l'historique de l'*héliogravure* et quelques mois après celui de la *gravure typographique*.

Certaines mesures fiscales, dures conséquences de l'impôt sur le papier, les dispositions fâcheuses d'une nouvelle loi postale en ce qui concerne la circulation des imprimés, un projet de loi tendant au rétablissement des brevets pour les anciens libraires titulaires et à la concession pour les autres d'autorisations révocables, enfin le retrait en masse des autorisations données pour le colportage motivent tour à tour l'intervention du Cercle auprès de l'administration et des Chambres. La mise en application de la loi de mars 1873, qui conférait au Conseil supérieur de l'instruction publique l'examen des livres qui pourraient être introduits dans les écoles publiques, détermine également le syndicat des libraires classiques à adresser plusieurs notes successives, soit audit Conseil, soit au ministre. En aucune circonstance, on le voit, le Cercle ne négligeait de s'affirmer comme protecteur des intérêts dont il a la garde.

Depuis quelques années, la *Bibliographie de la France* publiait, dans le courant de novembre, un numéro spécial, dit des *Étrennes*. Pour la première fois, à la fin de 1874, sur l'initiative de M. Masson, ce numéro fut composé avec un soin tout spécial et devint un catalogue illustré de grand luxe dont la vogue ne tarda pas à se répandre pour aller se développant de plus en plus jusqu'à nos jours.

L'année 1875 venait de commencer lorsque le président du Cercle reçut une lettre de M. Daguin, président du Tribunal de commerce, l'informant que, sur l'avis du ministre de la justice et pour se conformer au texte de la loi, la mission d'arbitre rapporteur ne pourrait plus être confiée désormais aux Chambres syndicales en tant que collectivités, mais seulement à ceux de leurs membres qui consentiraient à remplir cette fonction individuellement. M. Daguin invitait en même temps le président du Cercle à lui envoyer les noms de ceux de ses collègues qui voudraient bien continuer leur utile concours au Tribunal dans les conditions nouvelles.

Cette mesure inattendue, en provoquant la dissolution du Comité judiciaire, menaçait d'avoir pour double effet de priver le Tribunal d'un auxiliaire depuis longtemps apprécié, et de porter une atteinte sérieuse au Cercle dans la légitime considération et dans l'influence que lui avaient values les services des arbitres.

Le Conseil d'administration chargea M. Masson de faire une démarche auprès du président du Tribunal de commerce pour rechercher avec lui le moyen de concilier, en se bornant à des modifications légères, le mode de procéder actuel du Comité avec les prescriptions de la loi. Cette tentative ne put aboutir, et le Comité judiciaire dut bientôt interrompre ses réunions.

Dans le dernier mois de son administration, M. Masson soumit au Conseil une proposition émanant de M. A. Chaix, et tendant à créer auprès du Cercle, sous son patronage et avec son concours pécuniaire, une école professionnelle destinée aux apprentis et employés des industries typographiques.

Cette proposition, accueillie tout d'abord avec sympathie, fut renvoyée à une Commission qui en fit une étude attentive et choisit pour rapporteur M. Armand Templier. Présentée ensuite à l'acceptation de l'Assemblée générale, elle ne put obtenir la prise en considération.

L'actif du Cercle qui, à la fin de la présidence de M. Laboulaye, avait atteint déjà 167,800 francs, s'élevait, au départ de M. Masson, à 208,000 francs. Le nombre des membres était de 224. La période triennale qui venait de s'écouler pouvait donc compter parmi les plus prospères que l'Association eût parcourues depuis sa fondation. Le Conseil d'administration en témoigna sa reconnaissance à M. Masson en lui décernant une médaille d'or.

M. Jules Basset fut élu président le 19 février 1875. La vice-présidence fut dévolue à MM. Colombier et Noblet, les fonctions de secrétaire à M. Armand Templier, celles de trésorier à M. Guillard. Dans le cours de cette présidence, M. E. Plon succéda à M. Colombier comme vice-président.

En prenant en mains la direction du Cercle, M. Basset avait à cœur de mettre à profit les bonnes relations qu'il avait conservées avec le Tribunal de commerce pour tenter de résoudre d'une façon plus satisfaisante la question du maintien du Comité judiciaire, mais son habileté et son zèle n'eurent pas plus de succès auprès du nouveau président, M. Chabert, que n'en avait obtenu M. Masson auprès de M. Daguin. Le Comité fut reconstitué, mais uniquement à titre de tribunal arbitral, appelé à connaître des différends qui lui seraient soumis directement par les parties.

A cette époque, M. A. Chaix présenta au Conseil d'administration un travail des plus intéressants concernant la répartition de l'industrie de l'imprimerie dans les villes de France. Cette statistique, basée sur des documents officiels, établissait l'importance comparée de la production de chaque ville, tant pour les journaux que pour les livres. C'était un élément de grande valeur pour la carte commerciale entreprise par M. Levasseur. M. Chaix reçut à ce propos les félicitations du Conseil.

Un autre fait important à signaler dans cette année 1875 est celui relatif à la suppression en Angleterre de la faculté *d'adaptation* des œuvres dramatiques étrangères. A la nouvelle qu'un projet de loi était élaboré dans ce sens chez nos voisins, et qu'en outre les littérateurs anglais demandaient eux-mêmes que la propriété littéraire des étrangers fût aussi complètement garantie que celle des nationaux, à cette nouvelle, disons-nous, le président du Cercle jugea l'occasion favorable pour tenter d'obtenir que la convention littéraire entre la France et l'Angleterre fût modifiée. Pour atteindre ce but important, on concerta une action commune avec la Société des gens de lettres, et de part et d'autre on rédigea un mémoire à l'adresse du ministre des affaires étrangères. Ces efforts malheureusement demeurèrent sans résultat.

Sur ces entrefaites, une nouvelle exposition internationale était annoncée comme devant s'ouvrir le 1er mai 1876 à Philadelphie. Le succès obtenu à Vienne était encore trop récent pour que le Cercle pût hésiter à y prendre part. Mais les conditions étaient autres que lors du dernier concours, les frais devaient être plus considérables, les risques plus grands. Il importait de savoir si ces charges, trop lourdes pour que le Cercle entreprît seul de les supporter, les participants se présenteraient assez nombreux pour pouvoir en accepter facilement une partie. C'est ce qu'une Assemblée générale, tenue le 9 juillet, fût appelée à décider. Elle se prononça pour le partage des frais par moitié entre le Cercle et les exposants de la collectivité. Ceux-ci étaient au nombre de 50. Bientôt après, 1,600 volumes prenaient la route de l'Amérique et l'exposition collective s'organisait à Philadelphie sous l'intelligente direction de M. Terquem, représentant du Cercle, et sous le haut patronage de M. Fouret, de la maison Hachette, nommé membre du jury. A cette belle collection était joint un catalogue spécial, imprimé comme celui de Vienne.par M. Claye et donnant en résumé l'historique de chacune des maisons exposantes.

Pendant que s'effectuaient les préparatifs du grand concours d'outre-mer, une exposition également internationale, mais d'un genre tout spécial, s'était installée aux Tuileries, à l'occasion du deuxième congrès des sciences géographiques. Là encore, à côté des œuvres souvent très remarquables des pays étrangers, on se plaisait à admirer les importants travaux des éditeurs parisiens, ceux entre autres des maisons Hachette, Erhard, Delagrave et Belin. Les progrès que nous avions réalisés en peu d'années dans cet ordre de publications méritaient d'être appréciés, et sur la sollicitation de M. Basset, M. Maunoir, le savant secrétaire de la Société de géographie, prit soin de les faire ressortir dans une série d'articles écrits spécialement pour le *Journal de la Librairie*.

A cette même date se rapportent les procès Susse contre les héritiers Pradier, et Barba contre les héritiers Pigault-Lebrun qui soulevaient des questions si intéressantes de propriété artistique et littéraire. Le Cercle intervint de nouveau de ses conseils et de ses deniers, espérant voir triompher cette fois les principes qu'il n'avait cessé de soutenir.

L'année 1875 vit mourir M. Michel Lévy, l'éminent éditeur. L'année 1876 porte le deuil de M. Ambroise Firmin-Didot, le premier président du Cercle, décédé à quatre-vingt-six ans, après en avoir consacré soixante-six aux travaux de sa noble profession. Cette même année priva le Cercle d'un de ses membres qui, par son constant attachement et un dévouement sans limites, avait le plus contribué à son bien-être et à son développement : nous avons nommé M. G. Piet.

Une lettre de M. du Sommerard, en date du 12 février 1877, fait connaître au Conseil d'administration que l'exposition collective du Cercle a remporté un nouveau succès à Philadelphie : la grande médaille instituée par la commission du centenaire lui a été décernée.

Cette grande lutte industrielle est à peine terminée qu'une autre bien plus solennelle se prépare à Paris. Quel sera cette fois le rôle du Cercle, quelle place pourra-t-il utilement occuper au milieu de la vaste réunion des produits de ses membres? Alors que toute facilité sera donnée à chacun d'exhiber l'ensemble de ses publications ou de ses produits et de faire valoir ses meilleurs titres aux récompenses, l'intérêt d'une exposition collective, ne fût-elle composée que de chefs-d'œuvre, ne s'en trouvera-t-il pas sensiblement diminué? Après de longs débats, on décide qu'une vitrine collective sera installée dans les meilleures conditions possibles au Champ de Mars.

Le 14 juillet, le Cercle apprend avec tristesse la mort de M. J. Delalain. La librairie et l'imprimerie parisiennes perdaient en lui un de leurs plus anciens et de leurs plus dignes représentants.

Les premiers mois de 1877 sont écoulés, le bail de l'ap-

partement occupé par le Cercle touche à sa fin, il faut aviser
à le renouveler pour une durée plus ou moins longue. Faire
connaître cette situation, c'était raviver la question de *l'Hôtel
du Cercle*. M. Basset en saisit le Conseil et convoque la commission de l'immeuble, composée de MM. Bréton, Laboulaye, G. Masson, E. Plon et C. Noblet. On reconnaît que les
circonstances se présentent plus favorables que jamais pour
la réalisation du projet conçu par M. L. Hachette. Le prolon-
gement du boulevard Saint-Germain, qui s'opère en ce moment, dégage une longue étendue de terrains dont plusieurs
pourront se présenter dans des conditions acceptables. C'est
bien là, en outre, c'est sur le parcours de cette grande voie,
centre réel de l'industrie typographique, que le promoteur
de l'idée en question a fixé la place qui conviendrait le mieux
à l'installation définitive du Cercle.

Sous l'active direction de M. Bréton, la commission re-
prend ses travaux avec ardeur et provoque la réunion d'une
assemblée générale spéciale pour le 5 juillet. A la suite de
la délibération, deux votes sont émis : l'un qui autorise la
commission à se constituer en Société civile pour l'acquisition
d'un terrain, l'autre qui déclare ouverte parmi les membres
du Cercle une souscription de 500,000 francs, destinée à
couvrir les frais de l'entreprise. Disons de suite que cette
somme, jugée bientôt insuffisante, était portée peu après à
550,000 francs divisés en actions de 1,000 francs chacune,
dont la caisse de l'association prit 50 à sa charge. La commission de l'immeuble disparaît alors pour faire place au
Conseil d'administration de la Société civile, composé de
MM. Bréton, président ; Basset, Dumaine, Masson et Noblet,
conseillers.

On suit avec intérêt la mise en vente des terrains sur différents points du boulevard Saint-Germain, dans la partie comprise entre la rue Saint-Guillaume et l'École de médecine; plus d'une fois des négociations entamées n'arrivent pas à aboutir. Un dernier marché se conclut enfin, dans le courant de novembre, pour un emplacement de 400 mètres environ d'étendue, situé à la rencontre du boulevard Saint-Germain et de la rue Grégoire-de-Tours. Restait à choisir l'architecte.

L'édifice qu'il s'agissait d'élever ne devait pas seulement répondre à sa destination par sa distribution intérieure; on désirait encore, et avec raison, que cette destination s'affirmât nettement au dehors par un aspect sinon monumental, au moins exempt de banalité, et empreint, si c'était possible, d'un caractère artistique accusant la personnalité du constructeur. Les offres, on le pense bien, ne firent pas défaut; on parlait même quelque peu d'ouvrir un concours, lorsqu'on apprit que l'architecte auquel on devait le plus vaste et certainement l'un des plus beaux monuments de ce siècle avait accueilli comme des plus flatteuses pour son talent la proposition de se charger de l'entreprise. C'était une bonne fortune assurément inespérée. Après avoir fait si magnifique emploi des ressources considérables mises à sa disposition pour la construction d'un édifice qu'on voulait exceptionnellement grand et riche, M. Charles Garnier paraissait heureux que l'occasion lui fût donnée de mettre en œuvre les ressources de sa puissante imagination sur un champ des plus restreints et dans les étroites limites d'un modeste devis.

Le Cercle, représenté dans la circonstance par le

Conseil de la Société civile, compta ses ressources ; puis, faisant appel au concours de ses membres il leur demanda un peu d'argent et beaucoup de dévouement, et lorsque les 550 actions eurent trouvé preneurs, les ouvriers s'emparèrent du terrain.

Les travaux de l'hôtel du Cercle étaient commencés lorsque M. Basset céda la présidence à M. Georges Hachette, le 22 février 1878. La cérémonie de la pose de la première pierre n'eut lieu cependant que le 12 juin, alors que les substructions atteignaient déjà le niveau de la voie publique.

A l'arrivée de M. G. Hachette, le bureau du Conseil était composé de MM. Guillard et Odent, vice-présidents ; de M. Nourrit, secrétaire, et de M. P. Ducrocq, trésorier.

Renouveler les sous-commissions existantes, donner une plus grande importance à celle de la propriété littéraire, en créer deux ou trois nouvelles, tel fut le premier acte du nouveau président. Quelques jours après son installation, une lettre lui était adressée par le président du comité de la Société des gens de lettres, lui annonçant que, sur l'initiative de cette Société, un Congrès littéraire international se tiendrait à Paris, au mois de mai, sous la présidence de Victor Hugo, et lui exprimant l'espoir que le Cercle de la Librairie ne refuserait pas d'apporter son concours à une entreprise dont les résultats pourraient être profitables aux intérêts communs. D'accord avec son Conseil, M. G. Hachette s'empressa de répondre que le Cercle acceptait de prendre part aux délibérations du Congrès, et que dix de ses membres y assisteraient à titre de délégués, savoir : MM. Georges Hachette, Calmann Lévy, Alfred Firmin-Didot, Dentu, Paul

Delalain, Armand Templier, Bouasse-Lebel, Dupuy, Colombier, Eugène Plon.

A mesure que les constructions s'élèvent, plusieurs questions grandissent en même temps et s'imposent à l'étude. Il importe, en effet, de donner à l'association une extension plus grande, d'augmenter le nombre de ses adhérents et de lui créer ainsi des ressources nouvelles, car, avec son renom, ses charges vont s'accroître. Il n'importe pas moins de développer les institutions déjà établies et de les perfectionner en vue des intérêts spéciaux qu'elles ont mission de servir, car c'est de la régularité aussi bien que de l'efficacité de leur fonctionnement que découleront l'influence et la prospérité du Cercle. Tel est le programme que s'est imposé M. G. Hachette.

Il commence par mettre en œuvre les puissants moyens de propagande dont sa maison dispose tant à Paris qu'en province, et son appel est si bien entendu que, dès la première année, 62 nouveaux membres titulaires sont venus s'adjoindre aux 225 inscrits sur l'ancienne liste, et que le nombre des membres correspondants s'est élevé de 51 à 128. En contribuant à cette abondante moisson, chacune de nos industries avait du même coup donné plus de force à sa représentation et enrichi dans une notable proportion le fonds commun.

Dans le courant du mois de mars, sur la généreuse initiative de M. Grus, éditeur de musique et membre du Conseil, la bibliothèque du Cercle s'accroît d'une série d'ouvrages dont elle était demeurée jusqu'alors complètement dépourvue. M. Grus lui fait don d'une collection précieuse de partitions des maîtres les plus célèbres de l'école moderne. Cet exemple est bientôt suivi par M. Choudens, et presque en même temps de la façon la plus large par M. Achille Lemoine et par M. Brandus.

Vers cette époque, sur la proposition de M. Hachette, une invitation est adressée aux libraires d'envoyer régulièrement au Cercle, où ils devront être réunis et tenus constamment à la disposition de chacun, leurs catalogues à prix marqués.

Le palais du Champ de Mars a ouvert ses portes, et c'est sur les merveilles qui y sont réunies que pendant six mois se concentrent l'attention et l'intérêt de tous. En ce qui concerne nos industries, les produits exposés par chaque maison présentent un ensemble si remarquable et si complet, leur supériorité paraît si incontestable, que le Conseil d'administration décide qu'il n'y a pas utilité à ce que, en pareille occurrence, le Cercle prenne part à la lutte et aspire à une récompense qui ne pourrait lui être décernée qu'au détriment d'un de ses membres. Il demande et obtient que son exposition collective soit mise hors concours.

Nous nous sommes contentés jusqu'à présent de faire connaître les résultats obtenus par le Cercle exposant collectif, soit à Vienne, soit à Philadelphie. Son rôle ayant été différent, ainsi que nous venons de le dire, à l'Exposition universelle de Paris, ce sont les succès de ses membres que cette fois nous avons à signaler.

9 membres du Cercle ont fait partie du jury.

2 ont été promus au grade d'officier de la Légion d'honneur.

12 ont été décorés de la croix de chevalier.

4 grandes médailles, 48 médailles d'or, 73 médailles d'argent et 31 médailles de bronze leur ont été décernées.

Un pareil chiffre de récompenses n'est-il pas la démonstration la plus éloquente de la puissance de notre association et de l'autorité qu'elle possède lorsqu'elle intervient au nom des industries groupées dans son sein?

Les délibérations du Congrès littéraire international, auquel dix membres du Cercle avaient pris part comme délégués, s'étaient terminées avec le mois de juin. Dans sa séance de clôture, le Congrès votait le projet d'une association littéraire internationale et admettait au nombre des quinze membres français qui devaient faire partie du Comité d'organisation deux des délégués du Cercle, M. Georges Hachette, son président et M. Dentu, libraire de la Société des gens de lettres. Le *Journal de la Librairie* publiait quelques jours après sur les travaux de cette grande assemblée un excellent rapport, dû à la plume tout particulièrement compétente de MM. Paul Delalain et Armand Templier.

Dans les derniers mois de 1878, le Conseil d'administration est saisi par M. P. Delalain d'une question qui touche encore à la propriété littéraire. Il s'agit de la durée inégale de cette propriété dans les divers États. De cette inégalité résulte nécessairement un préjudice pour les auteurs et éditeurs français, lorsque dans les pays avec lesquels il existe une convention cette durée est moindre que celle accordée par la législation française. Ne serait-il pas possible d'arriver à unifier la législation en matière de propriété littéraire? Le Conseil est d'avis qu'il y a utilité à tenter une démarche pour cet objet auprès du ministre des affaires étrangères. Mais le ministre, tout en reconnaissant l'importance de la question, tout en déclarant y porter un vif intérêt, ne pense pas qu'il puisse y avoir avantage à modifier la situation telle qu'elle se comporte, situation dont il lui paraît plus sage de s'accommoder.

L'année 1879 est commencée, et l'Exposition de Paris vient à peine d'être close qu'un nouveau concours international appelle nos artistes et nos industriels à Sydney. Sur la proposition de M. Hachette, le Conseil se prononce pour la formation d'une collectivité sous le patronage du Cercle. Les frais de transport devant être supportés par le gouvernement, ceux laissés à la charge des exposants seront peu considérables ; il s'agit toutefois de savoir si ces derniers se présenteront assez nombreux pour que la répartition desdits frais ne laisse au compte de chacun qu'une somme facilement acceptable. Une invitation adressée dans ce but aux principaux représentants de nos industries ne donne qu'un résultat insuffisant et le projet doit être abandonné.

Le Cercle, vers la même époque, appuie d'une adhésion motivée une pétition rédigée par la Société des gens de lettres en vue d'obtenir du gouvernement une protection plus efficace de la propriété littéraire à l'étranger. Il renouvelle également, pour la répéter encore quelques mois après, son intervention auprès de la commission du budget à l'effet d'obtenir le dégrèvement de l'impôt sur le papier. Malgré ses efforts et nonobstant la distribution aux députés d'une note explicative rédigée par M. Hachette, la solution de la question est de nouveau remise à l'année suivante.

Nous avons atteint les premiers jours d'octobre ; les travaux de l'hôtel du Cercle touchent à leur terme. Bientôt, quittant l'appartement de la rue Bonaparte, l'association va fixer son siège au boulevard Saint-Germain, où l'attend une installation plus vaste et plus digne de son importance.

Sa notoriété est étendue, ses membres sont nombreux, ses finances prospères ; mais pourtant le moment est venu de donner à cette notoriété une extension plus grande encore et d'introduire dans la vie du Cercle des éléments nouveaux d'intérêt ou de distraction. C'est alors que M. G. Hachette soumet au Conseil d'administration les préliminaires d'un projet qui lui paraît devoir répondre aux nécessités de la situation. Visant à ce que l'esprit des statuts reçoive l'interprétation la plus large possible, il propose que ceux-ci soient modifiés de manière à faciliter l'accession au Cercle de certaines catégories de personnes qui, bien que n'appartenant pas directement à nos professions, s'y rattachent cependant par la nature de leurs travaux et une habituelle coopération. Ce n'était pas la première fois que cette importante question s'imposait aux délibérations du Conseil ou des assemblées. Présentée à l'assemblée générale du 14 septembre 1847, en vue de l'admission des journalistes, elle avait été résolue affirmativement à une grande majorité. Renouvelée dans l'assemblée générale du 23 novembre de la même année au profit des hommes de lettres, artistes, etc., elle avait rencontré la même solution favorable à la presque unanimité. On décide, cette fois, que la proposition de M. Hachette sera mise à l'étude.

Le lundi, 27 octobre, s'ouvrent pour la première fois les salons du nouvel hôtel du Cercle de la Librairie, de l'Imprimerie et de la Papeterie. Un mois plus tard, le 4 décembre, l'inauguration solennelle de l'édifice est célébrée par une grande fête habilement préparée par M. Charles Garnier.

Ainsi, après quinze ans d'attente, le projet si heureusement conçu par M. L. Hachette, constamment poursuivi et mis en voie d'exécution sous ses successeurs par M. L. Bréton, son gendre, apparaissait enfin réalisé sous son fils, M. Georges Hachette.

La question de l'admissibilité au Cercle de personnes ne se rattachant que d'une façon indirecte à nos industries est résolue dans les premiers mois de 1880 et donne lieu à une modification importante des statuts. L'Assemblée générale du 16 avril décide qu'aux membres titulaires, correspondants et honoraires seront adjoints désormais des membres dits *associés,* tels que : écrivains, savants, professeurs, artistes, etc. Il était difficile d'ouvrir plus grandes les portes de l'association.

Nous avons dit plus haut que l'intervention du Cercle auprès des éditeurs en vue d'une participation à l'exposition de Sydney n'avait abouti qu'à un résultat insuffisant ; les tentatives faites par le gouvernement auprès des autres industries n'avaient été guère plus heureuses, et les rares produits français expédiés en Australie s'étaient trouvés dans l'impossibilité de lutter avec avantage contre ceux plus abondants et mieux choisis de nos concurrents habituels. Cet insuccès appelait une revanche, et l'Exposition de Melbourne en fournit l'occasion. Le Cercle fut un des premiers à répondre à l'invitation pressante du gouvernement et détermina les principales maisons de librairie à prendre part à ce nouveau concours, soit individuellement soit réunies en une collectivité.

Mais un fait d'une importance plus considérable au point de vue de la notoriété du Cercle et des intérêts qu'il représente devait fixer le souvenir de l'année 1880. Plus d'une fois, depuis l'origine de l'association, l'idée avait été émise d'organiser au Cercle des expositions spéciales, annuelles ou permanentes. Soit insuffisance du local, soit incertitude du résultat, aucun des projets conçus n'avait vu un commencement d'exécution. M. G. Hachette jugea la situation favorable et se hâta d'en tirer parti. Sur son initiative, le Conseil d'administration décida qu'une première exposition de librairie aurait lieu le plus prochainement possible dans l'hôtel du Cercle et que cette exposition serait divisée en deux sections : la première, exclusivement réservée aux membres de l'association, comprenant les publications parues depuis le 1er janvier 1878 ; la seconde, composée de produits de l'imprimerie française antérieurs au xixe siècle, choisis parmi les plus intéressants pour l'histoire de notre art typographique.

En quelques semaines, plusieurs centaines de raretés bibliographiques, les publications les plus remarquables de 115 éditeurs de Paris et de la province, de magnifiques épreuves de taille-douce et de chromolithographie, des chefs-d'œuvre de reliure, avaient pris place dans les grands salons du Cercle. A cette collection était joint, comme complément obligé, un curieux catalogue, œuvre sans précédent, pour l'exécution duquel huit de nos imprimeurs les plus distingués avaient lutté d'habileté, de bon goût et aussi de désintéressement[1].

---

1. On nous saura gré de consigner ici les noms des membres du Cercle qui ont contribué à l'exécution de ce beau catalogue :
Impression. — MM. Chamerot, Crété, Lahure, Laloux fils et Guillot, Martinet, Motteroz, Pillet et Dumoulin, Quantin.
Papier. — MM. Darblay, et Béranger (Essonnes), Lair, Langlade, Le Marais, Odent, Olmer, Prioux, Tonnellier.
Encre. — MM. Lefranc, Lorilleux.
Encadrements, vignettes. — MM. Mayeur, Turlot.
Reliure. — MM. Engel, Galicher, Lenègre, Magnier, Mouveau et Lévesque.

Inaugurée le 6 juillet, l'exposition demeura ouverte jusqu'au 25 du même mois. Pendant ce court délai, le Cercle compta 6,500 visiteurs, et le succès, assuré dès les premiers jours, alla s'affirmant de plus en plus jusqu'à la clôture. L'hôtel du Cercle de la Librairie avait reçu sa véritable consécration.

L'année 1880 qui s'achève marque le terme de cette notice Nous avons exposé, nous bornant à une simple esquisse, les origines de notre Cercle, sa lutte des premiers jours, ses développements plus ou moins rapides, mais incessants, ses persévérants efforts pour conquérir une position en rapport avec les intérêts qu'il avait à représenter ou à défendre. Nous avons cherché encore à mettre en relief les noms de quelques-uns de ces hommes qui, par leur énergique volonté, par une foi entière dans l'excellence de leur œuvre, par leur valeur personnelle ou leur dévouement, ont le plus contribué à la création, à l'influence et à la prospérité de l'Association. Notre cadre sera rempli lorsque nous aurons fait connaître, en terminant, la situation actuelle du Cercle, envisagée à différents points de vue qui permettront d'apprécier son organisation et sa puissance.

L'actif de la Société à la fin de 1880 dépasse 350,000 francs.

Les membres du Cercle se divisent en :

Membres honoraires, au nombre de 21
Membres titulaires......................... 317
Membres correspondants................... 145

Les membres titulaires se composent de :

119 libraires.
40 imprimeurs typographes.

26 imprimeurs lithographes.

1 imprimeur en taille-douce.

55 fabricants de papiers ou marchands en gros.

1 fabricant d'enveloppes.

4 éditeurs de cartes géographiques.

7 éditeurs d'estampes.

9 éditeurs de musique.

2 fabricants de cartes à jouer.

8 constructeurs-mécaniciens.

4 fondeurs de caractères.

2 stéréotypeurs.

6 graveurs.

1 brocheur.

11 relieurs.

6 fabricants d'encres d'imprimerie.

3 marchands de blanchets et cordons.

9 administrateurs ou directeurs de journaux.

1 architecte.

1 avocat.

1 banquier.

317

Parmi ces derniers, on distingue :

42 décorés de la Légion d'honneur.

120 notables commerçants.

3 juges au Tribunal de commerce.

1 membre de la Chambre de commerce.

2 membres du Conseil municipal.

Au Cercle tiennent leurs séances :

Les Chambres des imprimeurs typographes, des imprimeurs lithographes, des imprimeurs en taille-douce et des marchands de papier en gros ;

Le Congrès de la Papeterie française ;

La Société fraternelle des Protes ;

La Société de secours mutuels des Employés en librairie.

LISTE

MEMBRES DU CERCLE

DEPUIS SA FONDATION JUSQU'AU 1ᵉʳ JANVIER 1881

AVEC LA DATE DE LEUR ADMISSION

PRÉSIDENT DU CERCLE

M. GEORGES HACHETTE, ✳

ANCIENS PRÉSIDENTS

MM. J.-B. BAILLIÈRE, ✳, président du comité d'organisation, 1847,
AMBROISE FIRMIN-DIDOT, O. ✳, premier président, 1847-1848.
PAGNERRE, 1849-1854.
E. THUNOT, ✳, 1855.
LANGLOIS, ✳, 1856-1857.
J. DELALAIN, ✳, 1858-1860.
E. ROULHAC, ✳, 1861-1863.
L. HACHETTE, ✳, 1864.
L. BRETON, ✳, 1865-1867.
CH. LABOULAYE, ✳, 1868-1871.
G. MASSON, ✳, 1872-1874.
J. BASSET, ✳, 1875-1877.

MEMBRES HONORAIRES

MM.

FAIDER (Charles), ancien ministre de la justice de Belgique.
ROMBERG (Édouard), ancien directeur des beaux-arts, des lettres et des
sciences au ministère de l'intérieur de Belgique.
SYDNEY WATERLOW, ancien lord maire de Londres.
TRUSCOTT, lord maire de Londres.
GARNIER (Charles), architecte.

BUTTERWORTH,
CHAPELL,
CHAPMAN,
GALPIN,
HUDSON,   } libraires à Londres.
KENT (W.),
KLEINAU (H.),
LOW (Sampson),
MARSTON (E.),

MILES (John),
MILES (J.-J.),
MURRAY (John),
SOTHERAN,
STANFORD,   } libraires à Londres.
STUART,
TRUBNER,
WHITAKER,

MEMBRES TITULAIRES

(Les noms des membres actuels sont accompagnés d'un astérisque.)

A

AILLAUD	1851	ANDRIVEAU-GOUJON *	1869
ALAMIGEON *	1866	APPEL *	1878
ALAUZET *	1878	ARDANT (F.)	1847
ALCAN *	1877	ARNOULT	1858
ALLOUARD	1847	ARTRU	1852
AMYOT	1858	ASSELIN	1847
ANDRÉ (A.) *	1875	AUBRY (Aug.)	1867
ANDRÉ (P.) *	1875	AUBRY *	1879

B

BACHELIN-DEFLORENNE	1864	BAULANT aîné	1865
BAER	1869	BAUTRUCHE	1847
BAILLEUL	1853	BAZIN *	1872
BAILLIÈRE (Émile) *	1863	BÉAU	1847
BAILLIÈRE (Germer)	1847	BEAUFORT (DE)	1869
BAILLIÈRE (Gustave-Germer) *	1859	BEAUPRÉ *	1864
BAILLIÈRE (Henri) *	1866	BECOULET *	1861
BAILLIÈRE (J.-B.) *	1847	BECQUET *	1864
BALLUE	1878	BEDEAUX	1847
BANCE	1853	BEDELET	1847
BAPST (Alfred)	1873	BELHATTE *	1875
BAPST (Germain) *	1879	BELIN (Eugène)	1847
BARBA (G.)	1864	BELIN (Henri) *	1871
BARRE (Ch.) *	1880	BELIN-LEPRIEUR	1847
BARRESWILL	1859	BENARD	1854
BARTHÉLEMY (Gustave)	1847	BÉRANGER *	1870
BARTHÉLEMY (André) *	1874	BERCIOUX	1857
BARTHÈS	1847	BERR DE TURIQUE	1867
BASCHET *	1879	BEST	1859
BASSET (J.) *	1850	BEURGES (DE)	1852
BASTER *	1879	BICHELBERGER	1878
BATTENBERG	1847	BIESTA	1847
BAUCHE *	1880	BILLARD *	1865
BAUDRY (H.) *	1878	BIXIO (Alexis)	1847
BAUDRY (J.) *	1847	BIXIO (M.)	1866

BLANDIN.	1866	BOUSSOD.	1866
BOICHARD.	1847	BOYER (A.)*	1871
BOILDIEU *	1864	BOYER (J.)*	1861
BORRANI*.	1860	BRACHET *	1865
BOSSANGE (Gust.).	1860	BRANDUS (G.).	1850
BOSSANGE (Hector).	1847	BRANDUS (L.)*.	1877
BOUASSE-LEBEL*.	1867	BRAY *	1878
BOUCHÉ.	1852	BRÉAUTÉ.	1847
BOULARD DE VILLENEUVE*.	1878	BRÉHAM.	1866
BOUMARD*	1880	BRÉTON (Louis)*	1847
BOURDICHON*	1870	BRIÈRE.	1847
BOURDIER.	1858	BROISE (A.).*	1880
BOURDIN.	1847	BROUSSOIS*	1878
BOURET *	1879	BRUNET.	1851
BOURGERIE-VILLETTE.	1865	BUHLMEYER.	1876
BOURGUIGNON *	1872	BUISSON *	1878
BOURRELIER père *	1874	BULLIER.	1851
BOURRELIER fils.	1879	BULOZ (Fr.).	1851
BLANCAN *.	1878	BULOZ (Ch.)*	1878
BLANCHET.	1847		

C

CABASSON.	1865	CHARLIEU.	1847
CADOT	1865	CHARPENTIER (G.-H.).	1856
CAGNON*	1878	CHARPENTIER (G.) *	1871
CAPELLE.	1847	CHARTIER*.	1878
CAPIOMONT *.	1871	CHEDIEU	1852
CARILLIAN-GOEURY.	1847	CHÉRET (Jules) *	1879
CASSIGNEUL *	1873	CHERNOVIZ.	1879
CERF (L.)*	1880	CHOISNET*	1873
CHAIX (Nap.).	1847	CHOLLET.	1847
CHAIX (Alb.-Nap.)*.	1859	CHOQUET*.	1878
CHALLAMEL aîné*.	1877	CHOUDENS.	1865
CHAMEROT (F.-M.).	1847	CLAESEN fils*.	1880
CHAMEROT (G.)*.	1877	CLAYE *.	1847
CHAMPENOIS*.	1875	COBLENCE.	1867
CHAMPON.	1878	COCK père*.	1871
CHARAVAY (E.) *	1880	COCK fils *	1871
CHARAVAY (G.).	1878	COLAS.	1847
CHARDON aîné.	1847	COLIN (Armand)*.	1871
CHARDON (Ch.)*	1862	COLOMBIER*.	1847
CHARDON (Henri).	1880	CORRÉARD.	1848
CHARENTON (Ch.).	1862	COSSE.	1847

Cotillon (A.)*	1873	Crété*	1878
Cotillon (F.)	1847	Cretté*	1878
Courbonne (de)	1856	Curmer	1847
Courcier	1847	Cusset*	1872
Crapelet	1847		

D

Daffis	1878	Desgranges (Joseph)	1847
Dalloz*	1868	Desplaces	1858
Dalmont	1847	De Vresse (Arnaud)	1866
Darasse (Édouard)	1857	Dezobry	1858
Darasse (Joseph)	1854	Didier	1847
Darblay (Aimé)*	1880	Didot (Alfred-Firmin)*	1856
Darblay (Paul)*	1880	Didot (Ambroise-Firmin)	1847
Darsy*	1864	Didot (Henri)	1848
Deberny*	1847	Didot (Hyacinthe)	1847
Debons*	1873	Didot (Paul)*	1855
Debure	1847	Distribué*	1872
Decaix	1850	Doin*	1876
Decaux*	1878	Donnamette	1874
Dechambre	1857	Doumerc (Aug.)	1862
Degorce-Cadot*	1867	Doumerc (Edmond)	1850
Deharambure	1853	Douniol	1865
Delagrave*	1865	Dramard	1865
Delahaye (Adrien)	1865	Dreyfous*	1878
Delahays (A.-L.)	1847	Dubochet	1847
Delahays fils*	1879	Ducessois	1862
Delalain (Henri)*	1858	Ducher*	1875
Delalain (Jules)	1847	Ducuing	1867
Delalain (Paul)*	1864	Ducrocq (Eug.)	1863
Delamain	1853	Ducrocq (Paul)*	1863
Delarue	1860	Dufay père	1852
Demonts	1848	Dufay (Adolphe)	1852
Dentu*	1861	Dufay (Aug.)*	1852
Deroy*	1872	Dufour	1851
Derriey	1858	Dufour	1865
D'Escrivan (J.)	1867	Dufrénoy*	1878
D'Escrivan (G.-L.)*	1874	Dumaine*	1849
Des Fossez*	1872	Dumont (L.)*	1852
Des Fossez (G.)*	1879	Dumont (L.)*	1860
Desgodets	1866	Dumont (J.)*	1870

DUMONT (P.) *	1875	DUPUY (Gustave) *	1873
DUMOULIN *	1879	DUPUY (Théodore) *	1873
DUNOD *	1860	DUQUÉNEL	1857
DUPONT (Achille)	1847	DURAND	1847
DUPONT (P.)	1851	DUSACQ	1847
DUPONT (P.) fils *	1873	DUTERTRE	1847
DUPREY	1858	DUTERTRE (Eug.)	1866
DUPUY (Ernest)	1847	DUVERGER	1847

E

ENGEL père *	1864	ERHARD père	1866
ENGEL (Michel) *	1874	ERHARD (G.)	1879
ENGELMANN	1864	ETHIOU-PÉROU père (G.)	1863
ENGELMANN (Robert) *	1876	ETHIOU-PÉROU fils *	1879

F

FAILLIOT *	1879	FONTAINE *	1858
FAIVRE	1847	FORTIN *	1879
FATOUT *	1879	FOUCHER (Émile) *	1880
FAUCHEY	1847	FOUQUET *	1872
FAURE (Achille)	1864	FOURAUT	1854
FICHTENBERG *	1878	FOURET *	1866
FICHTENBERG fils *	1879	FRAILLERY	1878
FISCHBACHER *	1878	FRANÇOIS	1847
FLAXLAND	1865	FURNE	1847

G

GACHE	1856	GAULON *	1878
GAGNAGE	1864	GAUME	1848
GALETTE	1871	GAULTIER *	1879
GALICHER *	1879	GAUTHIER-VILLARS *	1863
GARDE	1857	GAUTHIER *	1878
GARNAUD	1855	GAUTIER	1870
GASTÉ	1877	GÉDALGE *	1880

H

I

J

Janiot *.	1878	Joubert.	1847
Jannet .	1848	Jourdan.	1847
Janson .	1849	Jousset père	1847
Jardin.	1869	Jousset (G.) *.	1871
Jarry.	1862	Jouvencel (de).	1847
Jeannin.	1851	Jouvet *	1866
Jehenne *.	1879	Jules Bernard *	1847
Jouaust (D.) *.	1872	Jung-Treutte:. *.	1859

K

Kléber (Gaston) *.	1879	Koeppelin.	1847
Klincksieck.	1856	Krantz *.	1847

L

Labé.	1847	Lambert.	1848
Labitte *.	1873	Lamy *.	1878
Laboulaye (Ch.) *.	1847	Lanée *.	1878
Lachaud (E.) .	1868	Lange-Lévy.	1847
Lacroix (Alb.).	1865	Langlade *.	1864
Lacroix (Aug.) *	1847	Langlois .	1847
Lacroix (Eug.).	1857	Langlumé.	1847
Lacroix (G.) *	1880	Lapierre *	1874
Laffite.	1847	Laplace.	1855
Laguerre.	1861	Larcher *	1878
Lahure (Alex.) *	1877	Larnaude.	1862
Lahure (Aug.) *.	1879	Laroque jeune *	1878
Lahure (Ch.).	1847	Larose *	1875
Lahure (L.).	1873	Larousse.	1865
Lainé.	1847	Lasserre (Jacques).	1847
Lair (Ernest) *.	1852	Lauwereyns *.	1872
Lair (René) *.	1878	Laveine.	1850
Laloux *.	1878	Lavergne *	1874

LAWSON.	1851	LEMERRE *.	1872
LE BAILLY.	1863	LEMOINE (Alex.).	1873
LEBEY.	1866	LEMOINE (Alexandre) *.	1876
LEBIGRE.	1847	LEMOINE (Achille) *.	1865
LEBIGRE-DUQUESNE (A.).	1858	LEMOINE (Henry) *.	1857
LECERF (L.) *.	1872	LEMOINE (Henry) *.	1880
LECERF (Émile) *.	1880	LENÈGRE (L.).	1852
LECERF (Eugène-Léon) *. . . .	1880	LENÈGRE (A.) *.	1871
LE CERF (Th.) *.	1880	LÉONARD	1848
LE CHEVALIER (A.).	1847	LEROUX.	1848
LE CHEVALIER fils.	1866	LE ROY.	1850
LE CLÈRE (Adrien)	1854	LE SOUDIER *.	1876
LE CLÈRE (Henri).	1858	LETHIELLEUX *.	1879
LECORBEILLER *.	1874	LE VASSEUR *.	1876
LECOFFRE (Jacques).	1847	LÉVY (Jules) *.	1878
LECOFFRE (Victor) *.	1866	LÉVY (Calmann) *.	1865
LECOU.	1847	LÉVY (Michel)	1847
LECOURSONNOIS.	1878	LÉVY (Paul-Calmann) *.	1878
LECROSNIER *.	1875	LHEUREUX.	1857
LEDUC *.	1875	LIÈVRE (Ed.).	1873
LEFÈVRE (Théodore) *.	1860	LIPPERT.	1856
LEFMAN *.	1873	LIPS *.	1876
LEFRANC.	1847	LLANTA *.	1875
LEGENDRE *.	1879	LŒUILLET.	1861
LEGRAND (Marcelin).	1847	LOISEAU.	1847
LEGRAND, éditeur.	1865	LOONES *.	1872
LEGRAND	1864	LORENZ *.	1863
LEHUBY.	1847	LORILLEUX (Ch.) *.	1847
LELONG.	1862	LORILLEUX (René) *.	1876
LEMAITRE.	1847	LORTIC *.	1878
LEMERCIER (J.-R.) *.	1847	LUQUET *.	1871
LEMERCIER (Alfred) *.	1871		

M

MADELAINE.	1858	MALMENAYDE (Gabriel) *. . . .	1879
MAGIMEL *.	1872	MANGINOT *.	1878
MAGNIER (Ch.) *.	1878	MARC (Aug.) *.	1866
MAGNIER (H.) *.	1878	MARC (Lucien) *.	1880
MAGNIN *.	1879	MARCHAL *.	1871
MAILLET (G.) *.	1873	MARESCQ (Aug.)	1847
MAILLET.	1866	MARESCQ (G.)	1847
MALMENAYDE.	1847	MARESCQ aîné.	1869

MARINONI (H.) *	1870	MELLIER (Émile) *	1866
MARINONI (Albert) *	1880	MERMET (G.) *.	1880
MARION père	1848	MESLIER (Paul).	1847
MARION fils *.	1867	MESNARD (R.).	1872
MARTIN (Ch.).	1847	MEYRUEIS.	1866
MARTINET (Ch.)	1847	MICHAUD *	1880
MARTINET (E.) *.	1858	MICHEL (Victor) *.	1874
MASSÉ.	1856	MICHEL (Marius) *	1878
MASSIN (E.) *	1872	MICHELOT.	1848
MASSIN (P.).	1872	MICKIEWICZ.	1867
MASSON (Victor).	1848	MIGEON *	1880
MASSON (Georges) *	1857	MIREMONT (DE).	1848
MATHIAS.	1847	MONROCQ *	1871
MATHIAS (Ferdinand).	1847	MONTGOLFIER (Alex. DE).	1852
MAUBAN *.	1847	MONTGOLFIER (Armand DE).	1871
MAULDE.	1850	MONTGOLFIER (Valéry DE) *	1878
MAUNOURY.	1859	MOREL.	1864
MAUNOURY (Paul) *	1874	MORGAND *	1879
MAURIN.	1865	MOTTEROZ *.	1876
MAYEUR *	1872	MORIZOT	1847
MAYOUX.	1866	MOURGUES (Just. DE) *.	1856
MEISSONNIER.	1854	MOURGUES (Ern. DE) *	1856
MÉJA.	1860	MOUVEAU (Ad.) *	1880
MELLIER (Am.).	1847	MURCIER.	1863

N

NACHMANN *.	1871	NORBERG *	1874
NEWELL	1864	NORMAND (A.) *	1879
NILSSON *	1880	NOUETTE-DELORME.	1847
NOBLET (Ch.) *	1850	NOURRIT *.	1873
NOBLET (G.) *.	1873		

O

OBRY fils.	1852	OLMER (Théodore).	1878
ODENT (H.) *.	1862	OLMER (J.-D.)	1866
ODENT (Xavier) *.	1876	OLMER (Georges) *	1874
ODENT (X.).	1852	OTTE.	1861
OLLENDORFF (H.-G.)	1852	OUTHENIN-CHALANDRE *	1851
OLLENDORFF (P.) *	1877		

P

PAGÈS.	1875	PIET.	1854
PAGNERRE.	1847	PIGOREAU (Alph.).	1847
PAGNERRE (Ch.).	1865	PIGOREAU (Ch.-Alph.)*.	1871
PALMÉ*.	1866	PILLET aîné.	1847
PANIS.	1847	PILLET (Aug.)*.	1847
PARENT.	1876	PILLET (Ch.).	1848
PARISOT (C.)*.	1880	PILON (Abel).	1873
PASSARD.	1874	PISSIN.	1847
PAULIN.	1847	PITRE-CHEVALIER.	1852
PAYEN.	1847	PLANCHE (G.).	1865
PEDONE-LAURIEL.	1867	PLON (Eug.)*.	1867
PEIGNOT*.	1875	PLON (Henri).	1847
PELVEY.	1847	POINTEL.	1868
PENAUD.	1847	POMMIER*.	1872
PEROIS.	1871	POULAIN.	1877
PERRIN (E.)*.	1873	POUPART-DAVYL.	1861
PERROTIN.	1861	POURRET*.	1874
PESRON.	1847	POUSSIELGUE (Ch.)*.	1869
PETIN (E.).	1847	POUSSIELGUE (Henri)*.	1856
PEYRON*.	1878	POUSSIELGUE (Rusand).	1847
PICARD (Alph.).	1878	PRÉVOST.	1847
PICARD (E.).	1847	PRIOUX (Paul)*.	1874
PICHOT (E.)*.	1878	PRIOUX (Stanislas).	1849
PIDOUX.	1845	PRUDON*.	1873

Q

QUANTIN*.	1876

R

RAÇON (Simon).	1853	RENAULT.	1847
RAGON (Renard).	1848	RENAULT (V.)*.	1878
RAVEAU.	1857	RENÉ.	1847
REDRON.	1848	RENÉ (Adolphe).	1866
REINWALD*.	1850	RENOU.	1864

Renouard (Jules).	1847	Rothschild*.	1871
Renouard (Paul)	1847	Rouam (J.)*	1880
Retaux *.	1878	Roulhac (Albert).	1866
Rey..	1866	Roulhac (Ch.).	1847
Richault.	1865	Roulhac (Eug.)..	1847
Rion	1873	Roullion.	1864
Riquet *	1866	Roumestant.	1856
Robineau.	1860	Rouquette *	1870
Robinet..	1847	Rousseau.	1859
Roger (Ant.)*	1878	Rousseau (Arthur)*	1879
Ronna	1866	Rousset-Boucher*	1878
Roret*.	1854	Roze.	1853
Rossigneux *.	1874	Ruffet (Régis).	1869
Rossignol*.	1879		

S

Saintin.	1847	Serrière	1857
Salmon.	1866	Sonzogno*	1869
Sarlit *	1852	Souverain	1847
Schulz (L.) père	1864	Soye.	1865
Schulz fils	1871	Stassin.	1847
Selle de Duby	1860	Suzanne*.	1875
Sergent	1847		

T

Taillefer..	1847	Thuillié	1864
Tandou.	1861	Thunot.	1847
Tanera (Ch.)*.	1853	Tixier*.	1868
Tardieu (Jules).	1854	Toiray *	1865
Tardieu (Maurice) *	1875	Tollé..	1847
Techener (J.).	1859	Tollé fils.	1864
Techener (L.)*.	1867	Tolmer *	1879
Templier (Émile)*.	1853	Torlot.	1852
Templier (Arm.) *	1870	Tourfaut.	1847
Terquem *	1878	Tramblay.	1864
Testu*.	1865	Tross..	1854
Thiboumery..	1851	Tucker.	1872
Thierry aîné.	1855	Turgis *	1866
Thorel..	1847	Turlot*.	1873

V

W

X

Z

NOTICE DESCRIPTIVE

DE

L'HOTEL DU CERCLE

Revue Générale de l'Architecture et des Travaux Publics _ 51, Rue des Écoles, Paris.

Dirigée par M. CÉSAR DALY, architecte.

Vol. XXXVIImea de la Collection générale.   (XLIᵉ ANNÉE DE LA FONDATION _ 1880)   Quatrième Série _ Vol. 7 _ Pl. 4.

Coupe sur l'Axe

Couron.ᵗ de la Lucarne.

Pied-droit de la Croisée.

Couron.ᵗ de la Porte.

Riquois del.

Détail, à 0ᵐ02ᶜ p.ᵉ mètre. _ Profils, à 0ᵐ04ᶜ p.ᵉ mètre.

CERCLE DE LA LIBRAIRIE
Boulevard Saint-Germain, à Paris. _ Détail de la Façade.
PAR M. CH. GARNIER, ARCH.ᵗᵉ, MEMBRE DE L'INSTITUT.

Imp. Lemercier et C.ⁱᵉ Paris.

L'HOTEL DU CERCLE

NOTICE DESCRIPTIVE

L'hôtel du Cercle de la Librairie, de l'Imprimerie et de la Papeterie occupe un terrain de 391 mètres environ de superficie, situé au point de rencontre de la rue Grégoire-de-Tours et du boulevard Saint-Germain. La construction couvre 345 mètres de cette surface et développe, tant sur le boulevard que sur la rue, une façade de 38 mètres, composée d'une partie droite en alignement du boulevard, étendue, 10 mètres; d'une autre partie droite sur la rue Grégoire-de-Tours, 13 mètres, et d'une rotonde reliant les deux, 15 mètres.

Par l'ampleur de ses proportions, cette façade se détache vigoureusement des bâtiments qui l'avoisinent. Le caractère de fermeté et d'élégance qui la distingue, le charme et l'originalité de sa décoration attirent vivement le regard; on la contemple, on l'étudie, on stationne longuement devant elle. C'est qu'elle porte, en effet, un cachet de puissance et de vie qui révèle un maître en pleine possession de

son art et d'une forme artistique qui lui est bien personnelle.

Elle comprend en élévation quatre divisions pour les
parties droites et trois seulement pour la partie circulaire,
savoir : un rez-de-chaussée, un entresol, un premier étage
très élevé et un second étage sous comble. Chacune de ces
divisions prend jour par deux ouvertures sur le boulevard,
et par trois sur la rue. La rotonde est percée de trois
grandes portes, celle du milieu plus élevée que les deux
latérales, et de trois fenêtres à ses deux étages. Sa toiture
s'arrondit en coupole, et une élégante lanterne à rebords
très saillants, surmontée d'une girouette, la couronne de la
façon la plus heureuse.

Si nous abordons le détail de la construction, nous de-
vons noter d'abord que le socle de l'édifice dans lequel
sont percés les soupiraux du sous-sol est appareillé en
pierre d'Euville; que la partie comprise entre le socle et le
plancher haut du rez-de-chaussée est bâtie en roche douce
de Ravière; que cette même pierre est employée jusqu'à
la hauteur du grand étage pour la rotonde, et que le
reste de la façade, y compris les fenêtres du comble, est
construit en banc royal de Méry. Nous trouvons enfin la
roche d'Anstrude aux balcons qui règnent sur tout le développement du premier étage.

La décoration présente un intérêt tout particulier. Sur
les deux façades droites, les lignes d'assises du rez-de-
chaussée, découpées en demi-bossages et surmontées d'un
bandeau nettement accusé, donnent au soubassement de
l'édifice un aspect ferme et vigoureux. A moitié engagée
entre ces deux parties qui forment retraite au point de dé-

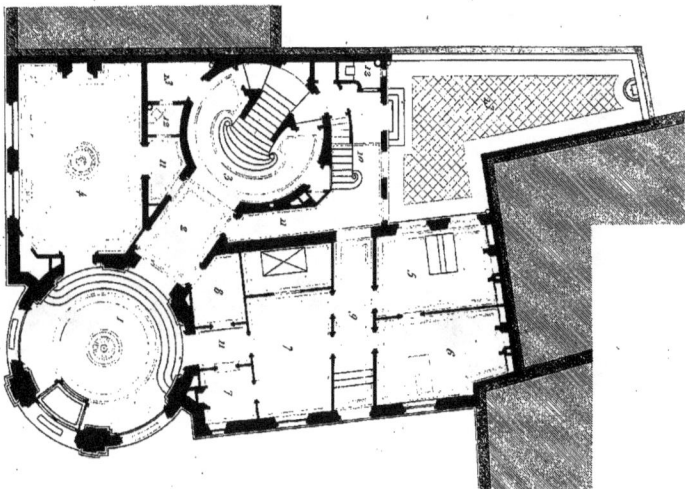

Rez-de-Chaussée

1.er Étage

LÉGENDE

Rez-de-Chaussée

1 . Vestibule d'honneur
2 . Vestibule de dégagement
3 . Escalier d'honneur
4 . Salle des commissions
5 . Secrétariat
6 . Comptabilité
7,7 . Concierge
8 . Vestiaire
9 . Entrée de service
10 . Escalier de service
11,11 . Dégagements
11,12 . Water-Closets
12,13 . Cours

1.er Étage

14 . Antichambre
15 . Salle de jeu
16 . Grande Salle de réunion et duc Réaz
17 . Salle de Billard
18,18 . Dégagements

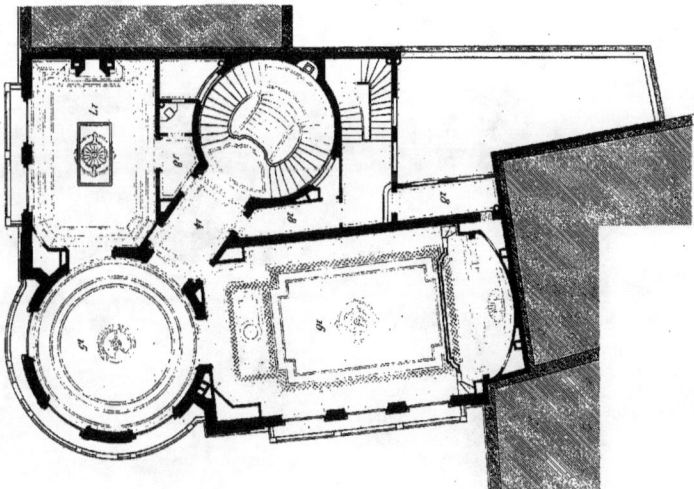

Echelle de 1 m. 50 p.r 1 mètre

part de sa courbe, la rotonde s'y encadre et les relie avec beaucoup d'art. Ses deux portes latérales, destinées à donner passage aux voitures, sont surmontées de disques de faïence émaillée contenant, l'une le monogramme de l'architecte, l'autre la date de la construction de l'édifice. Des plaques de marbre brocatelle du Jura, placées entre les consoles qui supportent le balcon, viennent compléter la décoration de cette partie.

La porte centrale, d'une élévation beaucoup plus considérable que les précédentes, présente un caractère tout à fait monumental. Comme ses voisines, elle est fermée par des vantaux de chêne décorés de panneaux et d'une large imposte en fer forgé agrémentée d'ornements en cuivre. Deux pilastres parlants l'accompagnent ; sur leurs piédestaux s'étagent en guise de cannelures des piles d'in-folio, et plus haut, une banderolle légère enlace dans ses enroulements les initiales du cercle et une plume gigantesque aux barbes touffues. Appuyé sur le linteau et se détachant sur un bandeau de rouge antique, un magnifique écusson en bronze, aux armes du Cercle, couronne cette belle composition, formant comme le point central d'attraction de toute la façade.

Une quatrième entrée donnant directement accès aux bureaux du *Journal de la Librairie* et de l'administration du Cercle est pratiquée au centre du bâtiment en bordure de la rue Grégoire-de-Tours.

Trois grands balcons règnent en avant des fenêtres du premier étage. Ceux des parties droites sont formés de balustres ; celui de la rotonde, d'un dessin plus élégant et plus riche, est composé de vases et d'enroulements découpés en pleine pierre.

Les fenêtres, largement percées comme celles d'un palais, ont leurs pieds-droits décorés d'un pilastre à demi engagé, et sont surmontées d'un motif rehaussé d'une plaque de marbre griotte d'Italie taillée en pointe de diamant. Une décoration plus complète et plus caractérisée distingue la baie centrale de la rotonde et en fait un morceau d'architecture très remarquable. Sur les chapiteaux de ses pilastres repose un bel entablement décoré de deux larges fleurons à ses extrémités, et dont la partie centrale, s'arrondissant en demi-cercle, encadre un disque de marbre sarrancolin et se rattache au moyen d'une agrafe à la grande corniche de la façade.

Comme un riche bandeau d'or et de pierreries placé au front de l'édifice, une frise en mosaïque polychrome, haute d'un mètre, remplit l'espace qui sépare les fenêtres de la corniche. Rien de gai et de charmant comme ces entrelacs de vases et de guirlandes, aux tons calmes et harmonieux, qu'un fond d'or parsème de scintillements, et au milieu desquels se détachent les noms illustres d'Elzevier, d'Estienne, de Gutenberg, d'Alde Manuce, de Didot, de Senefelder et de Montgolfier. Il était difficile d'indiquer d'une façon plus heureuse et plus hautement artistique la destination du monument.

Les lignes puissantes de la corniche sur laquelle s'appuie un chêneau largement dessiné complètent l'ordonnance de cette belle façade. La toiture, traitée avec le soin scrupuleux qui a présidé à toutes les parties de la construction, repose sur un acrotère surélevé qui relie les fenêtres du comble. Celles-ci, d'un dessin très sobre, sont accompagnées de consoles et couronnées de frontons triangulaires.

Revue Générale de l'Architecture et des Travaux Publics _ 51, Rue des Écoles, Paris.

Dirigée par Mr. CÉSAR DALY, architecte.

Vol. XXVIIIème de la collection générale.　　[XLIe. ANNÉE DE LA FONDATION _ 1880]　　Quatrième Série _ Vol. 7 _ Pl. 42.

CERCLE DE LA LIBRAIRIE

Boulevard St. Germain, à Paris. _ Coupe

PAR Mr. CH. GARNIER, ARCHte.

Riguris del.　　Echelle de 0m.008mil. pr. mètre.　　Sulpis sc.

Imp. Lemercier et Cie. Paris.

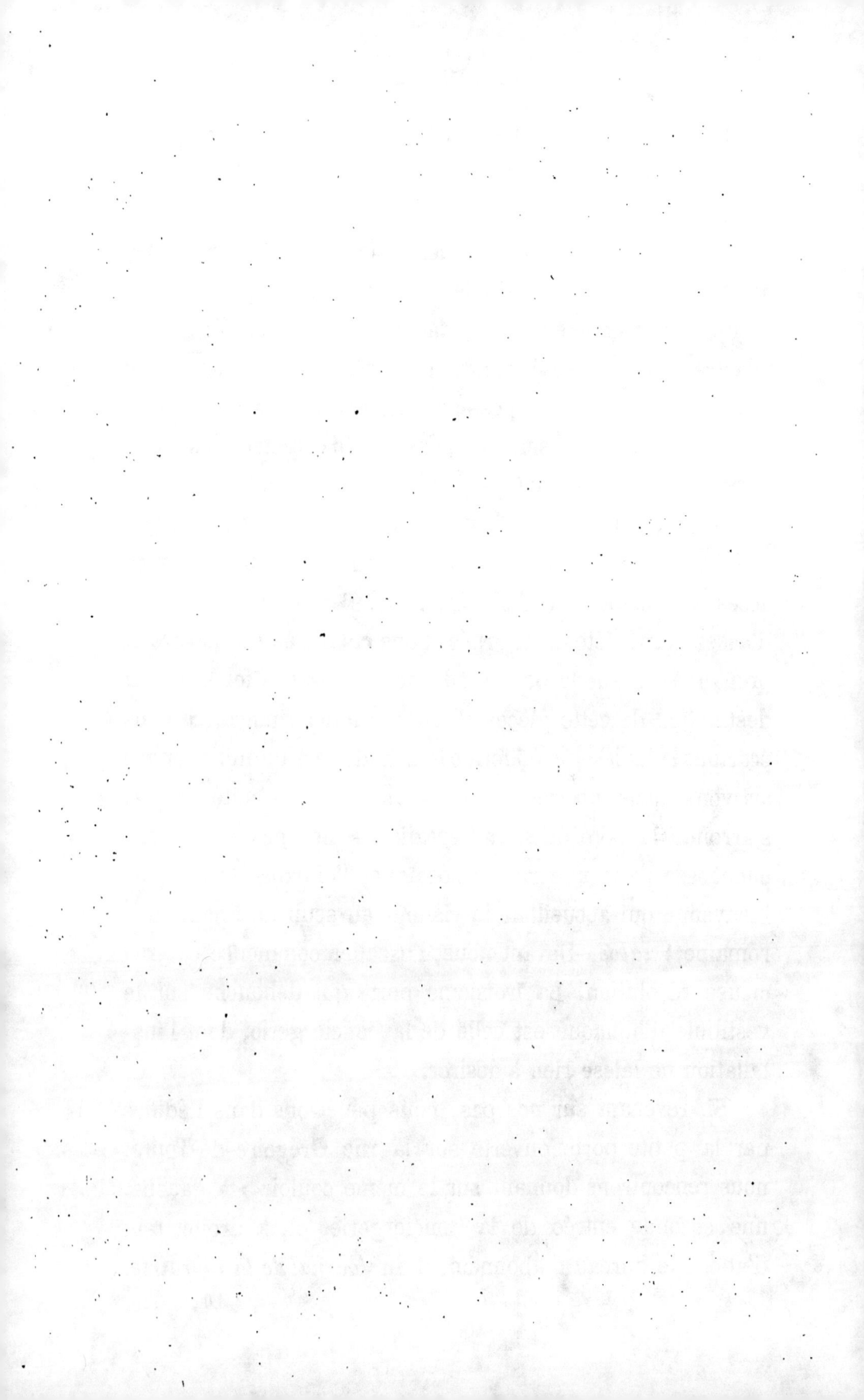

Tel est dans son aspect extérieur l'hôtel du Cercle de la Librairie. Nous allons parler maintenant de la distribution intérieure.

Lorsqu'on a franchi l'une des trois portes de la rotonde, on se trouve dans le vestibule d'honneur, vaste pièce circulaire d'une grande élévation, dallée en ciment et décorée de pilastres portant des écussons détachés en saillie sur leurs chapiteaux. La voûte repose sur une corniche à gorge d'un excellent effet. Le dessin des pilastres, le caractère des moulures de leurs bases, les proportions de l'ensemble, tout est digne de remarque dans cette entrée si simple et si noble à la fois. Un emmarchement construit en liais du Breuil donne accès à trois portes. Celle de gauche conduit à une salle d'assez grande étendue, ornée d'une cheminée de marbre et prenant jour sur le boulevard par deux larges fenêtres. La destination de cette pièce est encore indéterminée. Si nous écartons la tapisserie qui ferme la grande baie du milieu, nous arrivons dans un second vestibule, à l'extrémité duquel s'arrondit la cage du grand escalier. A nos pieds apparaît, enchâssée dans une riche mosaïque, l'aimable formule de bienvenue qui accueillait le visiteur au seuil de l'habitation romaine : *salve*. Devant nous, l'escalier commence sa gracieuse révolution. La troisième porte qui débouche sur le vestibule d'honneur est celle de la conciergerie, dont l'installation ne laisse rien à désirer.

Si, revenant sur nos pas, nous pénétrons dans l'édifice par la petite porte ouverte sur la rue Grégoire-de-Tours, nous rencontrons donnant sur le même couloir : à gauche, une seconde entrée de la conciergerie, et, à droite, tout d'abord le bureau d'abonnement du *Journal de la Librairie,* et immédiatement après le cabinet du gérant. Poursuivant notre marche, nous arrivons au pied d'un second escalier tout en chêne, qui prend jour sur une cour intérieure et dessert les quatre étages du bâtiment. Un couloir pratiqué sur la gauche et répété aux deux étages supérieurs met en communication les deux escaliers. Par cette voie, il nous est facile de regagner en un instant la base du grand escalier.

Cette partie de la construction est bien celle qui, dès le début de l'entreprise, excitait le plus vivement la curiosité. L'habile architecte qui avait conçu l'œuvre grandiose du nouvel Opéra se devait à lui-même, disait-on volontiers, d'exécuter, cette fois encore, une œuvre distinguée. Ce n'était certainement pas trop présumer du talent de M. Garnier. Ceux-là ont éprouvé pleine satisfaction, qui, dans un travail de cette nature, apprécient avant tout l'originalité de la conception, le mouvement harmonieux des lignes et la pureté de la décoration. Moins complètement satisfaits ont été ceux qui comptaient y rencontrer une certaine recherche de luxe et d'apparat, qui assurément s'y serait trouvée quelque peu déplacée.

L'impression que cet escalier produit tout d'abord sur le visiteur est celle d'une grande simplicité rehaussée d'une suprême élégance. Établi dans une cage circulaire aux parois teintes uniformément d'un blanc mat, il dessert l'entresol et le premier étage. Une lumière abondante, projetée par une coupole vitrée et par de larges ouvertures latérales, l'éclaire dans toutes ses parties. Chaque révolution comprend un emmarchement simple jusqu'à un palier de repos et un emmarchement double jusqu'au palier d'étage. Il est construit tout en fer à crémaillère, avec marches en marbre blanc veiné et paliers en mosaïque.

La rampe est formée de barreaux décorés d'enroulements en fer forgé et surmontés d'une main courante en bois noir. Un candélabre monumental à trois branches, en fonte bronzée, orne chacun des paliers de repos. Sous le palier du grand étage se détache en relief un motif composé d'un écusson et de branches de laurier. Dans la partie supérieure de la cage, une corniche élégante, supportée par de fins modillons alternant avec des rosaces largement épanouies, marque le départ du comble dont la partie centrale, occupée par un châssis vitré, s'encadre dans une charmante torsade. Il manque encore à ce bel escalier, pour qu'il produise l'effet voulu par son constructeur, une légère décoration picturale que, faute de ressources suffisantes, il n'a pas été possible de lui donner jusqu'à ce jour.

Après avoir gravi les degrés du premier étage, nous arrivons à un vestibule dàllé en mosaïque polychrome, sur lequel figurent quatre portes, dont une n'est que simulée. La porte de droite donne entrée dans la salle de la Bibliothèque ou salle du Conseil; la première à gauche conduit à l'escalier secondaire; celle qui l'avoisine s'ouvre sur un petit office précédant la cuisine.

La salle de la bibliothèque, tendüe en velouté garance, est ornée d'une grande cheminée en brèche verte des Pyrénées et de plusieurs beaux meubles en bois noir construits dans les ateliers de l'habile ébéniste Grohé. Plusieurs parois attendent un complément de mobilier qui permette d'installer d'une façon plus complète et de développer comme il convient les collections du Cercle.

Si nous traversons le corridor qui conduît au second escalier, nous rencontrons deux autres pièces, d'une étendue moyenne, recevant la lumière soit de la rue, soit de la cour, et servant tour à tour de lieu de réunion aux diverses Chambres des imprimeurs lithographes, des imprimeurs en taille-douce et des marchands de papier en gros, et à la Société de secours mutuels des employés en librairie.

Le second étage ou étage principal présente un palier plus développé que celui de l'entresol. Par une disposition heureuse, ce palier s'avance en une saillie assez prononcée en dehors du plan et forme un balcon qui permet au regard de plonger jusqu'au premier emmarchement de l'étage de départ et d'embrasser ainsi l'ordonnance générale. Le vestibule qui lui fait suite donne accès par plusieurs portes dans chacune des parties du grand appartement spécialement réservé aux réunions du Cercle.

La porte centrale, à deux vantaux, s'ouvre sur une belle pièce circulaire, dite Salon des jeux. Trois vastes portes-fenêtres y amènent le jour et conduisent au balcon extérieur. Le parquet, en chêne, est encadré dans une double bande de bois amaranthe. Une tenture laine et soie aux tons réséda et cuivre rouge garnit les panneaux; la même étoffe se retrouve aux rideaux et aux portières. Les sièges en bois noir sont recouverts en velours repoussé. La voûte, très élevée, repose sur une corniche à gorge, bordée d'un tore vigoureux composé d'une guirlande de feuillages et de fleurs. De son point central descend un lustre en cuivre, qui, par le dessin de ses branches reliées entre elles par des chapelets de perles, rappelle ceux du grand Opéra. Dans ce salon ainsi que dans le grand escalier, l'architecte s'est vu con-

Revue Générale de l'Architecture et des Travaux Publics _ 51, Rue des Écoles, Paris.

Dirigée par Mʳ CÉSAR DALY, architecte.

Vol. XXVIIᵉᵐᵉ de la Collection générale.   [XLIIᵉ ANNÉE DE LA FONDATION _ 1880]   Quatrième Série _ Vol. 7 _ Pl. 11.

Coupe transversale.

Plafond.

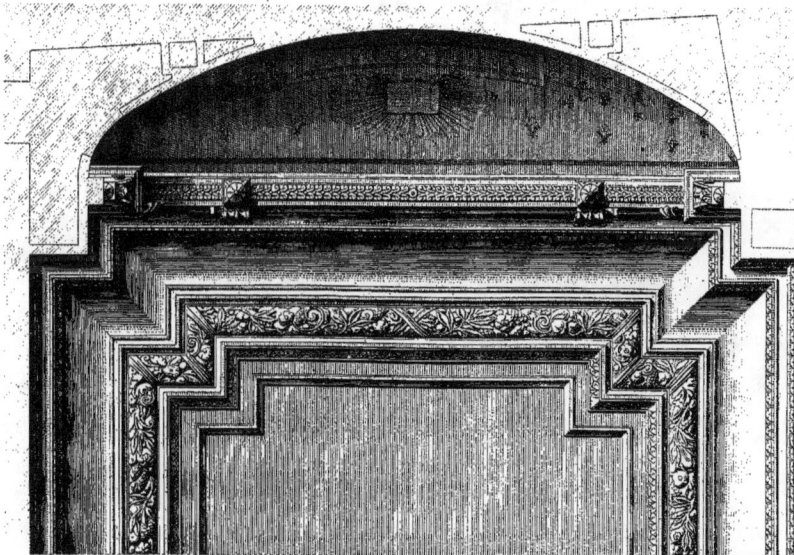

Échelle de 0ᵐˑ03 pʳ mètre.

Riguais del.

A. Sadoux sc.

CERCLE DE LA LIBRAIRIE

Boulevard Sᵗ Germain, à Paris. _ Salle des fêtes

PAR Mʳ CH. GARNIER, ARCHᵗᵉ, MEMBRE DE L'INSTITUT.

Imp. Lemercier et Cⁱᵉ Paris.

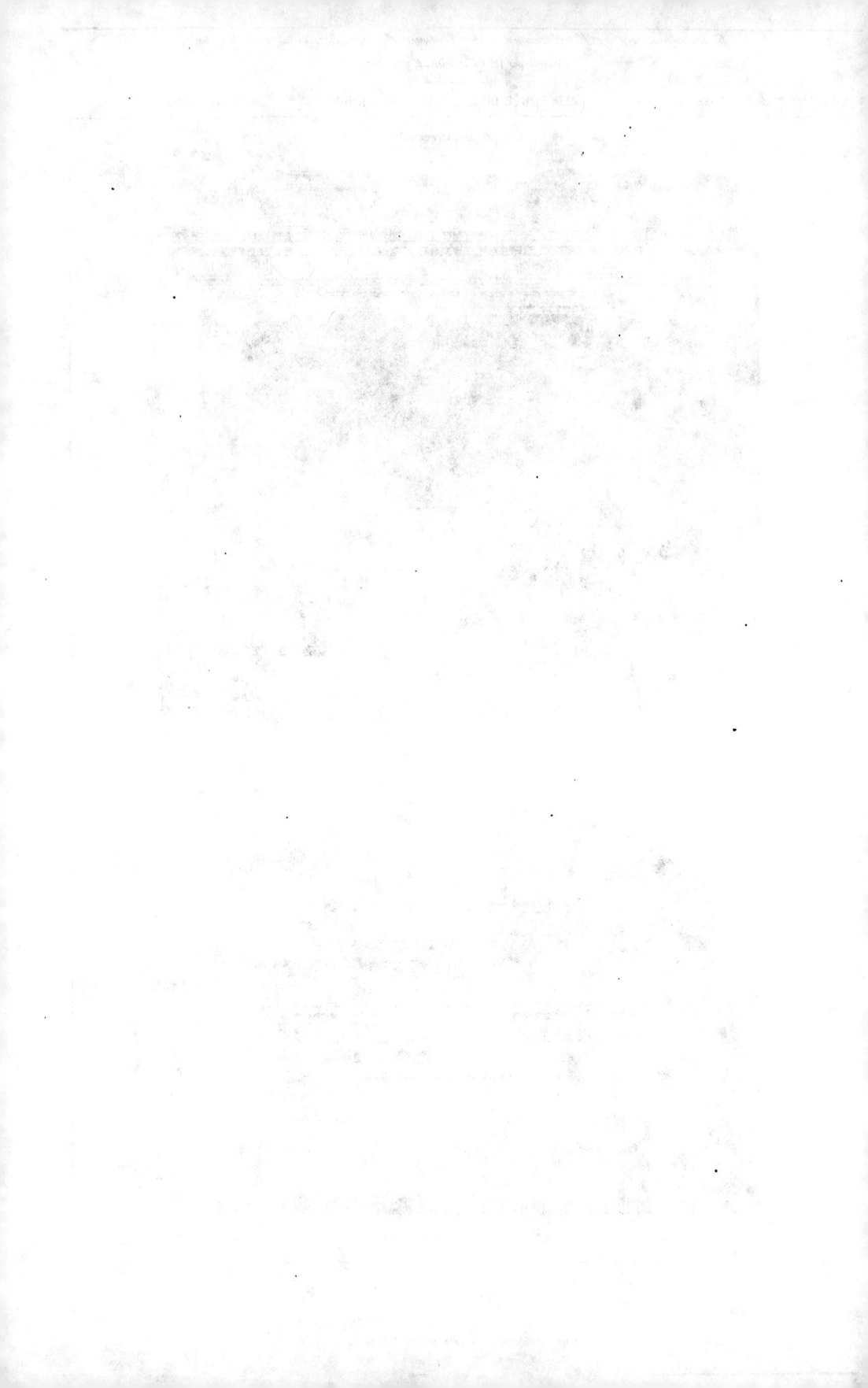

traint, par mesure d'économie, à n'accuser que les lignes
principales de son plan, réservant pour des temps meilleurs
l'exécution de la partie décorative, dont la voûte surtout ne
saurait se passer.

Une large baie ouverte à notre gauche permet d'embrasser d'un seul coup d'œil la salle des fêtes, dont l'étendue mesure $14^m,50$ de longueur sur $7^m,40$ de largeur.
Comme la précédente, elle reçoit la lumière par trois
fenêtres ouvertes sur la rue Grégoire-de-Tours. Le parquet,
disposé en point de Hongrie, reproduit par ses bordures
de bois teinté les divisions principales de la voûte. Au-
dessus d'un haut lambris à compartiments moulurés, les
parois sont revêtues d'une tenture en toile peinte rehaussée
d'or, sur le fond de laquelle se détachent entrelacées, au
milieu d'autres motifs, les lettres initiales de toutes les industries représentées au Cercle. Il y a là un parti pris des
plus décoratifs. La corniche à denticules comprend plusieurs
séries d'ornements délicats, auxquels les tons variés de
la peinture donnent en les détaillant un charme tout
particulier. Une guirlande de fruits d'une saillie vigoureuse
et décorée d'agrafes à ses angles divise le plafond en deux
compartiments. Le linteau de la porte d'entrée est sur-
monté d'un cartouche renfermant le millésime de la construction. Quatre grandes appliques et deux lustres portant
deux étages de feux distribuent abondamment la lumière.
Une estrade élevée de $0^m,60$ occupe l'extrémité de
la salle; la paroi concave qui en forme le fond est décorée
à sa partie supérieure d'une peinture représentant un livre
ouvert entouré de rayons et accompagné de deux soleils
avec la devise du cercle : *ex utroque lux.*

L'ameublement, en bois noir, est tapissé de velours repoussé et de maroquin. Une table de grande dimension occupe le centre de la pièce et permet dans des circonstances données de la transformer en salon de lecture. Les rideaux sont formés d'une étoffe magnifique, laine et soie, dont les dessins ton réséda s'enlèvent sur un fond cuivre jaune, resplendissant aux lumières.

La description trop technique peut-être, mais assurément trop brève, que nous venons de faire des deux premières salles du grand appartement du Cercle permet difficilement à quiconque ne les a pas visitées de se rendre compte de la noblesse et de l'harmonie de leurs proportions, aussi bien que du goût parfait qui a présidé à la composition et à l'exécution de leurs moindres parties. Séduit tout d'abord par l'originalité du parti pris, l'œil ne se sent violemment attiré sur aucun point, tant l'harmonie est complète ; il se repose dans la contemplation de l'ensemble dont le charme des détails ne vient troubler en rien la calme simplicité.

Les qualités déjà signalées se retrouvent, encore plus accentuées peut-être, dans la troisième salle, dite du billard, où l'art décoratif s'est donné libre carrière. Comme la salle des fêtes, celle-ci s'ouvre par une large baie sur le salon des jeux. Deux fenêtres accompagnées de balcons lui donnent vue sur le boulevard. Des lambris, hauts de 1ᵐ,75, et traités dans le goût de la Renaissance, forment le soubassement des murailles dont la partie supérieure disparaît sous une splendide tenture en cuir repoussé, parsemée de fleurons détachés sur fond d'or.

Par une conception pleine d'à-propos, la frise qui surmonte cette tenture offre comme motifs principaux une série d'écussons se détachant en clair sur un fond cramoisi et représentant les monogrammes d'anciens imprimeurs et libraires de Paris. L'effet de cette décoration est des plus heureux et des mieux appropriés au caractère de l'édifice.

Nos lecteurs nous sauront gré, nous en sommes convaincus, de leur donner la clef de ces monogrammes variés, au nombre de dix-sept, et de leur indiquer la provenance de chacun d'eux.

Si nous commençons par la droite, en entrant dans la salle, nous trouvons dans la frise du pan coupé le monogramme de

Viart (Pierre), libraire à Paris, 1513-1525.

Viennent ensuite, sur la grande paroi ceux de :

Janot (Denys), libraire et imprimeur à Paris, 1529-1545.

Mittelhus (Georges), libraire et imprimeur à Paris, 1492-1530.

Lefèvre (Hémon), libraire et imprimeur à Paris, 1511-1535.

Hichman (Damian), libraire et imprimeur à Paris, 1521-1524.

Eustace (Guillaume), libraire à Paris, 1493-1525.

Sur la paroi du fond :

Kerver (Jacques 1er), libraire à Paris, 1535-1583.

Kerver (Thielman 1er), libraire et imprimeur à Paris, 1497-1522.

En retour, côté des fenêtres :

Denys (Jérôme), libraire à Paris, 1529.

PIGOUCHET (Philippe), libraire et imprimeur à Paris, 1486-1512.

ROFFET (Pierre), libraire à Paris, 1525-1537.

KERBRIANT (Jehan), dit Huguelin, libraire et imprimeur à Paris, 1517-1537.

THOLOSE (Michiel), libraire à Paris, 1498-1499.

Pan coupé de gauche :

REGNAULT, libraire et imprimeur à Paris, 1496-1546.

Au-dessus de la porte d'entrée :

DU CHEMIN (Nicolas), libraire et imprimeur à Paris, 1541-1576.

DU PUYS (Jacques), libraire à Paris, 1549-1591.

GERLIER (Durand), libraire et imprimeur à Paris, 1489-1529.

Au fond de la salle, une cheminée monumentale en chêne, ornée d'un large cadran émaillé, s'avance en forte saillie et monte comme un pilastre colossal jusqu'à la voûte qu'elle reçoit en s'épanouissant. De robustes chenêts en fer forgé occupent son âtre. Au-dessus de son manteau, une peinture en décor encadrée de riches moulures représente l'arbre de la science portant suspendus à ses branches les écussons des libraires de Paris et des écrivains jurés. Plus haut encore, un élégant médaillon renferme les initiales du Cercle.

Du milieu de la voûte descend un appareil d'éclairage en bronze florentin dont la composition est des plus intéressantes. Un lustre formant un bouquet de douze lumières occupe le milieu de la tige ; au-dessous de celui-ci, se développe le motif principal comprenant trois foyers dont le

Revue Générale de l'Architecture et des Travaux Publics _ 51, Rue des Écoles, Paris.

Dirigée par Mr CÉSAR DALY, architecte.

Vol. XXXVIIème de la Collection générale.   [XLIE ANNÉE DE LA FONDATION _1880]   Quatrième Série _ Vol. 7 _ Pl. 44

Plafond

Riquois del.   Echelle de 0^m02 p^r mètre   P. Hury sc.

CERCLE DE LA LIBRAIRIE

Boulevard St-Germain, à Paris _ Salle de Billard

PAR M^r CH. GARNIER, ARCH^{te}, MEMBRE DE L'INSTITUT

Imp. Lemercier et Cie Paris.

central est porté par un double croissant orné de rondelles
et de perles.

Le mobilier, en bois de palissandre, est recouvert de
drap garance. Les rideaux et les portières sont en même
étoffe avec bandes en drap vert soutachées de soie.

Tel est l'appartement principal du Cercle, le lieu habituel de ses réunions.

L'étage des combles qui le domine n'offre rien d'intéressant à signaler. Il est divisé en deux parties : l'une comprend l'habitation du gérant, l'autre la salle des séances
de la Chambre des imprimeurs typographes et une pièce
annexe qui en dépend. La salle des imprimeurs occupe la
coupole de la rotonde et en épouse la forme ; elle est éclairée par trois fenêtres et par le lanternon qui couronne cette
partie de l'édifice.

Nous ne saurions terminer mieux cette description de
l'hôtel du Cercle qu'en donnant les noms des intelligents et
habiles auxiliaires, inspecteurs et entrepreneurs, qui, sous
la direction aimée et fidèlement obéie de M. Garnier, ont
concouru à faire du monument une œuvre aussi remarquable dans ses moindres parties que dans son ensemble :

Inspecteurs. — MM. C. BERNARD et CH. REYNAUD.

Terrassements et maçonnerie. — M. DUNAND.
Serrurerie. — M. MAGNIER.
Charpente en bois. — M. CHAZELLE.
Escalier en fer. — MM. REMERIE et GAUTIER.
Menuiserie. — M. SIMONET.

11

Couverture et plomberie. — M. Chantreau.

Fumisterie. — M. Pigeonnat.

Marbrerie. — M. Marga.

Sculpture sur pierre et ornements en carton pâte. —
    M. Darvant.

Mosaïque. — M. Facchina.

Canalisation pour le gaz et appareils. — MM. Lecoq
    frères.

Peintures. — M. Blanc.

Peinture décorative. — M. Delmotte.

Tenture en cuir repoussé. — M. Dulud.

Tenture en toile peinte. — M. Trinocq.

Vitrerie et miroiterie. — M. Buquet.

Égouts et seuils en granit. — MM. Petit et Rouffet.

Dallage en ciment. — M. E. Michel.

Bronze d'art. — MM. Christophe et Cie.

Meubles et tenture. — MM. Ternisien et Parceint.

Horlogerie. — MM. Lepaute frères.

Faïences. — M. Parvillé.

STATUTS

DU

CERCLE DE LA LIBRAIRIE

DE L'IMPRIMERIE, DE LA PAPETERIE

DU COMMERCE DE LA MUSIQUE ET DES ESTAMPES

ET

DE TOUTES LES PROFESSIONS QUI CONCOURENT
A LA PUBLICATION DES ŒUVRES DE LA LITTÉRATURE, DES SCIENCES
ET DES ARTS

ARTICLE PREMIER.

Il est fondé, pour les personnes qui adhèrent ou adhéreront aux présents Statuts, un Cercle réunissant toutes les professions qui concourent à la publication des œuvres de la Littérature, des Sciences et des Arts.

Ce Cercle prend pour titre : *Cercle de la Librairie, de l'Imprimerie, de la Papeterie, du commerce de la Musique et des Estampes, et de toutes les professions qui concourent à la publication des œuvres de la Littérature, des Sciences et des Arts.*

Il a pour objet :

D'établir entre tous les membres des industries qui y sont admises des rapports habituels et de bonne confraternité ;

De constituer, vis-à-vis de l'autorité, une représentation réelle des professions qui contribuent directement ou indirectement à la publication ou à la propagation des œuvres de la Littérature, des Sciences et des Arts;

Enfin, de créer un centre convenable de réunion et d'agréables distractions.

Art. 2.

Le Cercle comprend:

1° Des Membres titulaires exerçant ou ayant exercé une industrie relative à la publication des livres, de la musique ou des estampes;

2° Des Membres associés, écrivains, savants, professeurs et artistes, etc., etc.;

3° Des Membres correspondants;

4° Des Membres honoraires, nommés par l'Assemblée générale sur la présentation du Conseil d'administration, et dispensés de la cotisation. Un diplôme, signé du Président et du Secrétaire, est délivré aux Membres honoraires.

Les Membres titulaires seuls ont le droit d'assister aux Assemblées générales; seuls ils peuvent faire partie du Conseil d'administration et voter pour la nomination des membres du Conseil.

Les Membres associés peuvent être appelés à faire partie des commissions chargées de l'administration intérieure du Cercle.

Le nombre des Membres du Cercle n'est pas limité.

Art. 3.

Toute demande d'admission au Cercle, signée du candidat et présentée par deux Membres titulaires qui la signent, est adressée au Conseil d'administration.

Dans sa plus prochaine séance, le Conseil d'administration statue sur la demande, au scrutin secret, après avoir entendu les explications fournies par les parrains, convoqués à cet effet. Deux boules noires suffisent pour que la candidature soit écartée.

Avis de sa décision est donné par le Secrétaire.

Art. 4.

Un droit d'admission est exigé à l'entrée au Cercle.

Ce droit, fixé à 50 francs, plus 10 francs pour l'impôt, est recouvré en même temps que la cotisation dont il va être parlé à l'article suivant.

Il n'est exigé ni des Membres ayant déjà fait partie du Cercle et y rentrant, ni des Membres associés, ni des Membres correspondants.

Art. 5.

Le chiffre de la cotisation annuelle demandée à chacun des Membres faisant partie du Cercle, titulaires ou associés, est de 100 francs, auxquels sont ajoutés 20 francs pour l'impôt ; celui de la cotisation annuelle demandée à chacun des Membres correspondants est de 30 francs. Ces cotisations de 120 et de 30 francs comprennent toujours le prix d'abonnement au *Journal de la Librairie*, qui est de 20 francs par an.

La cotisation est payée par trimestre et d'avance.

En cas de non-payement, les cotisations sont recouvrées par les voies légales, à la requête du Conseil et à la diligence du Trésorier.

Art. 6.

Les démissions sont adressées par écrit au Conseil d'administration.

Elles n'ont d'effet que pour le trimestre qui suit celui dans lequel elles ont été données.

Art. 7.

Le Conseil d'administration peut prononcer l'exclusion de tout Membre dont la conduite n'aurait pas habituellement la convenance qu'on est en droit d'exiger, ou sur le compte duquel il parviendrait des renseignements de nature à porter atteinte à la considération du Cercle. Toutefois le Membre est préalablement admis à fournir des explications au Conseil.

Art. 8.

Toute personne qui cesse de faire partie du Cercle, pour quelque cause que ce soit, n'a aucun droit à prétendre sur son actif.

Art. 9.

L'actif du Cercle se compose :

1° Des sommes ou des valeurs existant dans la caisse, notamment des actions souscrites ou achetées par lui de la Société civile des propriétaires de l'hôtel du Cercle, ainsi que du montant des droits d'admission ou des cotisations à percevoir;

2° De la propriété du *Journal de la Librairie*, de ses collections et de ses produits;

3° De la propriété de l'*Annuaire de la Librairie, de l'Imprimerie et de la Papeterie*, de ses produits et des caractères d'impression qui y sont affectés;

4° Des diverses autres publications faites ou qui pourraient être faites;

5° Enfin du mobilier du Cercle, de la bibliothèque et des collections.

ART. 10.

Les affaires du Cercle sont régies par un Conseil d'administration élu par l'Assemblée générale et renouvelé chaque année par tiers.

Ce Conseil est composé de :

Un Président,
Deux Vice-Présidents,
Un Secrétaire,
Un Trésorier,
Et dix Conseillers.

ART. 11.

Les Membres du Conseil d'administration sont nommés pour trois ans ; ils ne sont rééligibles qu'une année après l'expiration de leur mandat, sauf le cas où l'Assemblée les appellerait aux fonctions de Président, de Secrétaire ou de Trésorier.

Le Président, le Secrétaire et le Trésorier peuvent toujours être réélus.

ART. 12.

Il est procédé à l'élection du Président, des Vice-Présidents, du Secrétaire et du Trésorier au moyen de scrutins individuels ; les Conseillers à élire sont compris dans un seul et même scrutin.

Les élections ont lieu à la majorité absolue des Membres titulaires présents lors du premier tour de scrutin ; il suffit de la majorité relative au deuxième tour.

En cas d'égalité des suffrages, le plus âgé des candidats est proclamé.

Art. 13.

Le Conseil d'administration règle le mode de ses délibérations, le jour et l'heure de ses séances.

Il vote le budget du Cercle, qui est présenté par le Président au commencement de chaque année.

Il nomme le Gérant.

Il contracte et signe les baux.

Il détermine le mode d'emploi des fonds disponibles, ainsi que la distribution des fonds de la Caisse de secours.

En un mot, il est investi des pouvoirs les plus étendus pour l'administration du Cercle.

Ses décisions, en tant qu'elles ne sont pas contraires aux présents Statuts, deviennent obligatoires pour tous les Membres.

Art. 14.

Le Président est chargé de la direction du Cercle; il préside les Assemblées générales; il prépare le budget annuel et les propositions à soumettre au Conseil; il le convoque en cas d'urgence; il surveille l'exécution des décisions prises; il correspond avec les autorités, et, le cas échéant, représente le Cercle et porte la parole en son nom.

En l'absence du Président, un des Vice-Présidents le remplace.

Le Secrétaire rédige les procès-verbaux des séances du Conseil et des Assemblées générales, et les fait transcrire sur le registre des délibérations; il convoque aux Assemblées; il a la garde des archives; il surveille l'exécution du catalogue de la bibliothèque et sa mise au courant.

Le Trésorier tient la caisse du Cercle, ainsi que la caisse de secours. Il surveille la rentrée des recettes, solde les loyers, les factures des fournisseurs, enfin toutes les dépenses prévues au budget et votées par le Conseil.

ART. 15.

Les Membres titulaires du Cercle ayant soixante ans accomplis, et qui, en suite d'élections successives, ont siégé au Conseil d'administration pendant neuf années au moins, peuvent être nommés Membres honoraires du Conseil d'administration.

La proposition en est faite par lettre signée de cinq membres du Cercle et adressée au Conseil d'administration.

Le Conseil statue sur la proposition au moyen de deux délibérations prises à un mois d'intervalle. Si la proposition est admise, le Président la soumet à la ratification de la plus prochaine Assemblée générale. Le vote a lieu au scrutin et à la majorité absolue des suffrages.

Les Membres honoraires du Conseil d'administration ont droit d'assister aux séances du Conseil, et ils y ont voix consultative. Leur nombre ne peut, en aucun cas, excéder cinq.

ART. 16.

Les Membres du Conseil d'administration, actifs ou honoraires, ont droit à un jeton de présence, dont la valeur est fixée par délibération de l'Assemblée générale.

ART. 17.

Les Assemblées générales ont lieu :

1° Dans le courant de février, au jour fixé par le Conseil d'administration, pour le compte rendu du Président, la reddition des comptes, le rapport du Trésorier et la nomination de trois Commissaires pris en dehors du Conseil et chargés de vérifier les comptes de l'exercice à venir;

2° Et toutes les fois que le Conseil juge utile et opportun de les convoquer.

Sont obligatoires pour tous les Membres du Cercle les décisions prises en Assemblée générale à la majorité des Membres présents, sauf l'exception stipulée à l'article 18 ci-après.

Les lettres de convocation aux Assemblées générales sont adressées trois jours au moins avant la réunion; elles contiennent indication de l'ordre du jour de la réunion.

Art. 18.

Tout projet de modification aux Statuts doit être préalablement soumis par écrit au Conseil d'administration, qui décide s'il doit y être donné suite.

En cas d'avis favorable, ce projet est présenté à l'examen d'une Assemblée générale spécialement convoquée à cet effet. Il ne devient obligatoire que s'il est approuvé par un nombre de voix égal aux deux tiers plus un des Membres présents ou à la moitié plus un des Membres du Cercle.

En cas d'insuffisance du nombre des votants, une nouvelle Assemblée est convoquée dans la quinzaine, et ses délibérations sont valables à la simple majorité des Membres présents.

Art. 19.

Le Cercle ne peut être dissous qu'alors que ses ressources seraient épuisées et qu'un appel de fonds, adressé par le Conseil d'administration à chacun des Membres, serait demeuré infructueux.

L'Assemblée générale, constituée comme il est dit à l'article 17, a seule le pouvoir de prononcer la dissolution.

Si la majorité ne se rencontre pas lors d'une première convocation, il est convoqué une nouvelle Assemblée, dont le vote devient alors définitif et obligatoire, quel que soit le nombre des Membres qui y auront pris part.

ART. 20.

Aussitôt après la dissolution prononcée, il est nommé au scrutin trois Commissaires chargés, concurremment avec le Conseil d'administration, d'opérer et de mener à fin la liquidation.

Le produit de cette liquidation, s'il y en a un, est remis à un établissement de bienfaisance ou employé à une fondation d'utilité publique.

TABLE

———

———

Paris. — Typ. A. Quantin, 7, rue Saint-Benoît.

www.ingramcontent.com/pod-product-compliance
Lightning Source LLC
Chambersburg PA
CBHW052218270326
41931CB00011B/2402